JN108560

山と電波とラブレター

吉川真司

Parade Books

メキシコシティからチアパス州へ

人口900万人の巨大都市、メキシコシティから南東におおよそ750Kmに位置するチアパス州。手織りの民芸品、特産のコーヒー豆や郷土料理など、全て手が込んでいて、メキシコの中でも大好きな旅先の一つだ。田舎の村に一歩足を踏み入れると、地元の人同士で話されるマヤ系の言葉が静かに飛び交う。

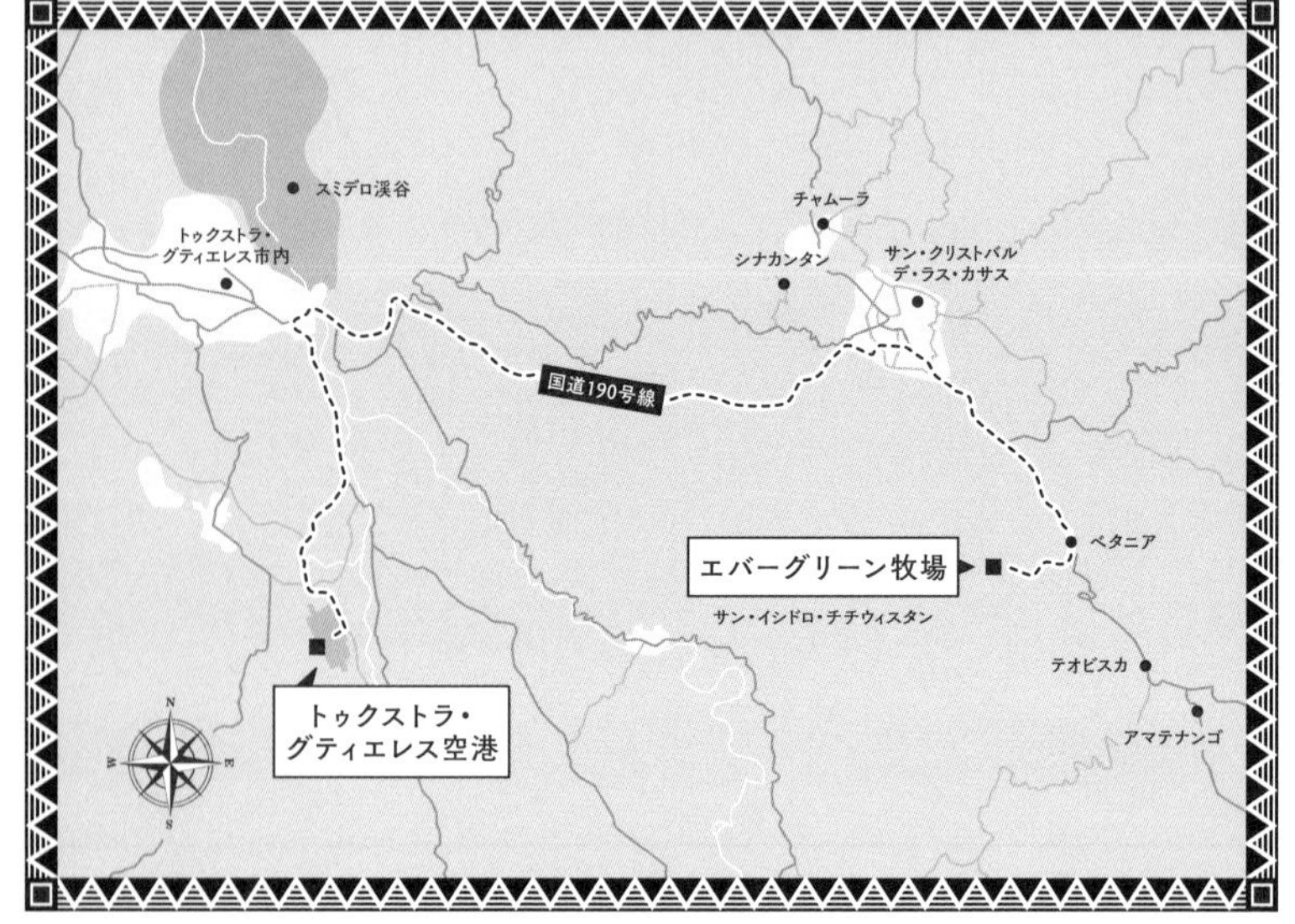

エバーグリーン牧場

チアパス州の中でも先住民文化が色濃く残る、サン・クリストバル・デ・ラス・カサス市からさらに奥へ進むと、忽然と現れる広大な牧場。ファームステイをしながら本格的な乗馬が体験できると、ヨーロッパを中心に各国から外国人が訪れる。ちなみにトリップアドバイザーでのトラベラーズレビューの評価は5（最高）のフルマークだ。いつか行ってみたいとずっと考えていた場所に、今回やっと旅ができた。

目次

第1章

チアパスへ飛ぶ

1　チアパスからの挑戦状

エバーグリーン牧場からメールで届いた道案内は、こんなふうに始まっていた。

「最寄りのトゥクストラ・グティエレス空港から、直接牧場まで来たらタクシーで二時間千ペソ（六千円程度）。でも、バスや乗り合いタクシーを乗り継いでくる方法もあります」

それに続けて、どの村でどう車を見つければいいかが詳細に書かれている。メキシコ南東部に位置するチアパス州テオピスカ地区にある、サン・イシドロ・チチウィスタン村。そこにある大きな牧場が今回の旅の目的地だ。スペイン語ではなく、なぜ英語で「エバーグリーン」なのかと言えば、牧場主がアメリカ人とフランス人の夫婦だからだ。事前にメールで宿を予約した時のやり取りも英語だ。

僕が住んでいるのはメキシコの首都、メキシコシティ。日本の企業に勤めながら家族と暮らしているが、この旅を思い立ったその冬、つまり二〇一八年のクリスマスに我が家の女性陣三名（妻と娘二人）は、用事で日本に一時帰国することになった。その不在の間にやってくる、メキシコでは珍しい四連休。つまりクリスマスイブとクリスマス当日、その前の土日をあわせて合計四日間。だけどメキシコシティの自宅にいたら、この時期はとにかく寒い。寒波がやってきているが、一人のためにヒーターをつけるのはもったいない。それにぽつりと家にいるのは体感温度の低さと相まって、身にしみるほどさびしいのだ。そこで、せっかくだから家族連れではなかなか行けないような、遠くて得体の知れない、でも当たればフィーバーしそうなところ。加えてアットホームな家族経営で、一人でも団らんの仲間に入れてくれそうな、都合のいい宿がないかと考えているとき、思い出したのが「エバーグリーン牧場」だ。

メキシコの隠れた名所を紹介する旅行雑誌「メヒコ・デスコノシード」に、一度だけ紹介されたこの牧場。僕はこの雑誌を五年以上にわたって毎号買い続けたけれど、だいたいのスポットは二年ぐらいすると繰り返し登場する。「カップルで行くビーチリゾート・ベスト10」で出たかと思うと、今度は「隠れたビーチスポット特集」なんかに写真だけ変えて再登場する。だけどこの牧場の記事は珍しく、たった一回しか載らなかった。Evergreenというアメリカンな名前が、他の隠れたビーチや民芸品の名産地に混じって、ひときわ異彩を放っていた。その記事によるとオーナー夫婦には子供がいて、二人とも女の子らしい。十代半ばだから僕の娘たちと年格好も似通っている。フランス語と英語とスペイン語を自由に操るメキシコ育ちだ。外国人の親の元、メキシコで育っているところは僕の娘二人と共通している。あわよくばこの家族と仲良くなれるかもしれない。僕には将来子供たち同士が楽しそうに遊んでいる姿がイメージできた。さらにこの牧場には馬がたくさんいて、乗馬を教わることができる。

牧場のホームページの写真によると、コテージはどう見ても手作りで、動物たちの世話も家族でしているみたいだ。そしてそこに行きつくには、まずチアパス州の中でも、先住民が昔ながらの生活を続ける村が点在する、サン・クリストバル・デ・ラス・カサス（長いので以降サン・クリストバルとする）まで行き、そこから車でさらに一時間走らなくてはならない。

「公共交通機関を乗り継いで行くなら、サン・クリストバルの町に着いてから中央市場まで歩いてください。そこで近郊の村に行くバスに乗り、ナサレ村で降りたら乗り合いタクシーに乗ってくださいね」

こんなに乗り継いで行かなくてはならないのは相当面倒だし、時間がかかる。だけど僕がどんなヒッピーか、金持ちか学生か若者か年寄りなのか、何も知らない宿のオーナーは、こんなふうに選択肢をメールで知らせてきたのだ。

空港からタクシーをチャーターし、日本円換算で約六千円払えば、山奥の牧場まで乗り換えなしで連れて行ってくれる。でも「村人たちが使う公共のバスや、乗り合いタクシーをこまめに乗り継げば千八百円ですよ」というのだ。日本の企業の駐在員としてメキシコシティに住まいを構えて八年間、たまに出かける旅行先と言えばビーチが中心で、常にホテルまでの送迎が空港からくっついている。おまけに宿泊費だけでなく、飛行機や食事も「何でも込み」な、オールインクルーシブと言われるスタイルが中心だ。そんなリゾート志向が強くなってふやけきっている僕は、このエバーグリーン牧場からの道案内の仕方に、ある種の挑戦状的な含みを勝手に読み取ったのだ。

「大変かもしれないけれど、たいていのみなさんはここまでバスや乗り合いタクシーを乗り継いでいらっしゃいますよ。私たちも普段村の人と乗り合いで移動していますし。でもあなたのようなお金がある人は、直接空港でタクシーを捕まえるのも手ですけど」

そんなことは一言も書いていないのだけれど、空港から直接牧場までタクシーでというのは、どうも「エバーグリーン的常識」から考えるとありえないですよね、というニュアンスが行間に込められていた。

そんなゲストに対する節約おすすめの姿勢は、部屋の値段区分にもはっきりと表れている。僕が泊まることにした「バーン・ウッド・ルーム」にはベッドが三つあるが、シングルベッドを借りれば一泊二百五十ペソ（千五百円）、ダブルベッドなら四百ペソ（二千四百円）、部屋を全部貸し切るなら七百ペソ（四千二百円）とあった。インターネットで写真を見たが、どう考えても村にあった木を寄せ集めて、自分で組み立てたような手作りの小屋だ。もう一棟の「ザ・コテージ」の方は、一ヶ月半も先なのにすでに予約で埋まっていた。

「ここに来る人は長い間滞在する人も多いので、部屋は他のゲストとシェアする人がほとんどですよ。大金を払ってよければ部屋を丸ごと借りることもできますけど、あなたはどうしますか」

そう宿からのメールには書いてある。でも僕はいびきや寝言で同室の宿泊者に迷惑をかけるのが嫌なので、一部屋全部借りることにした。挑戦されたのに逃げ出したような、そんな敗北感を少し感じてしまう。それでも普段使うどんなホテルと比べても、まだまだ安い。こんな手作りの宿には、チャーターした個人タクシーで直接到着するより、のんびりとバスやタクシーを乗り継いで行くほうが断然似合っている。そんなわけで、まんまと宿からの「挑発」に乗った僕は、今回に限ってはすべて乗り合いの移動手段を選び、時間は惜しまない旅をすることに決めた。

二十代前半の学生時代に、僕はメキシコに二年間留学した。学校が夏休みに入ると、バスに乗っていろんなところに旅行に出たが、その頃の僕には、そもそもタクシーに一人で乗るという選択肢さえなかった。例えばメキシコシティなら必ず地下鉄を使ったし、チアパスの隣に位置するオアハカ州なら、時刻表がない路線バスを使った。黒い排気ガスを吐き出す緑のおんぼろバスを、地元の人を真似して、右手の人差し指を立ててとめ、他の乗客に交じって開けっぱなしの扉に急いで乗り込んだ。「とにかく安く」というのが僕の移動の常とう手段だったはずだ。

時が流れ五十歳を目前にし、今はまとまった休みがせいぜい三、四日しか取れなくなった。そしてそれを言い訳にして「お金で時間を買う」ことを覚えた。そう言えば聞こえはいいが、実は細かくて面倒くさいことについて考えるのを放棄する、そんな思考パターンが固定されるようになっただけだ。それはまるで贅肉のように僕の精神にこびりつき、とうとう離れなくなってしまっていた。ではその節約した時間で何をするかというと、実は何もない。

2 不機嫌なニワトリ

出発日の十二月二十二日、いよいよ始まる四連休の初日、僕は朝四時半に起床した。そして暗がりの中、自宅のアパート前でタクシーに乗り込んだのが五時十五分。いつもメキシコシティの空港までは、アンヘルおじさんというなじみの運転手にタクシーをお願いする。この初老の運転手は、時間にルーズなメキシコ人たちの中にあって、ひときわ特殊な才能を持っている。つまり指定した時間の五分前には、どんなことがあっても家の前までやって来るのだ。メキシコに住むほとんどすべての外国人は、メキシコ人と約束をし、その時間が守られることがどれぐらい難しいかを住めば住むほど実感している。もちろんいつもというわけではないが、よくあるのは十五分程度の遅刻だ。だけどこれはメキシコでは当たり前の遅れとされていて、そこにかりかりして不機嫌にでもなってしまえば、「だから外国人は困る」と逆にあきれられてしまう。でも、この「時間の番人」の様な、奇特な運転手と知り合って、僕の生活から「タクシーが時間通りに来ないかもしれない」という、長い間しみついていた心配がきれいに消え去った。危うくもう少しで遺伝子に組み込まれ、次世代に受け継がれるところだった。

連休初日のメキシコシティの空港は、早朝にもかかわらず、出国ラッシュで国際線のチェックインカウンターは長蛇の列だ。メキシコのお金持ちは、ここぞとばかり親戚がいるスペインやロサンジェルスなんかに飛び立つのだ。外国に行かなくてもメキシコには世界的に有名なカンクンや、プエルト・バジャルタなんかのリゾート地がひしめいている。だけどこの日の国内線は予定どおり出発しないだけでなく、航空会社によるオーバーブッキングのせいで、せっかくのバケーションに飛行機に乗れなかった、気の毒な人たちが続出していた。そんな中、我らがアエロメヒコ航空トゥクストラ・グティエレス行きの便は、定刻通り七時十五分にメキシコシティを出発した。

席に着くと持参したスリッパに履きかえ、脱いだジャンパーを毛布代わりにあごまで引き上げた。滑走路での助走を終えた飛行機が轟音とともに離陸したまでは覚えているが、そこからまったく記憶がない。そして気づいたらすぐに着陸態勢に入っていた。離陸後すぐに眠ったみたいで、知らない間に一時間以上経っていたのだ。何ともどきどきやわくわくがまったくないフライトだった。そんな風にしてあっけなく、今回の最初の経由地トゥクストラ・グティエレスの空港に僕は降り立った。実はほとんどのフライトで、僕は同じことを繰り返している。加速する機体のシートに自分の背中が押し付けられると、まるで仰向けになって布団で寝ているみたいに、気持ちよく意識を失ってしまう。さらに早起きと朝飲んだ風邪薬が眠気に追い打ちをかけたのだ。

この冬は珍しく風邪をひかないなと思っていたのに、年末の最後の最後で一番楽しみにしていた旅行初日の朝、嫌な喉の痛みとともに目を覚ました。十二月になってメキシコを襲った寒波は、砂漠地帯を抱える北部では死者が出るほど厳しいものだった。僕と家族が暮らすメキシコシティでも、朝には摂氏二度を記録するなど、サボテンやドン・タコスやテキーラぐらいしかイメージがない日本人からしてみると到底想像もつかない、あわや氷点下に達しようかという寒さが続いていた。でも寒いからと言って、暖房が備え付けられているかというとそうではない。北向きに窓がある我が家は、日中は冷蔵庫の中にいるようだし、そのまま冷気をたっぷりと蓄えて日が暮れてしまうから、毎朝ベッドから出るのがつらいほどだ。

今回の旅の目的地であるチアパス州には、殺人的な暑さのパレンケ（夏に行くとシャワーの水が体温より熱い）みたいな町から、これから陸路で経由する予定の、サン・クリストバルのような肌寒い高地まで、気候がまったく違う地域がモザイクのように混在する。その日降り立った州都トゥクストラ・グティエレス市は、標高が低く、かなり暑い部類に入る町だ。だけどその日、空港からサン・クリストバルに向かう乗り合いの小型バンに乗り込み、席が埋まるのを待っている間、結構な肌寒さを感じた。このトゥクストラ・グティエレスのような南部では、年中湿気に悩まされているせいか、エンジンをかけていないときは車の窓が全開だ。僕のような寒がりは別にして、結構みんなシャツ一枚の薄着だったりする。

ところでこの乗り合いバス、実はエバーグリーン牧場の案内にあった二百五十ペソよりさらに安く、二百ペソ（千二百円）だった。僕はどうしてもこの一人旅で、「エバーグリーン牧場」的常識にのっとり移動すると決めていたので、こんな五十ペソの節約も、じわじわとひそかな喜びが沸くものだった。隣で鎮座する豪華でゆったりとしたチャーター用のバンには、今回は目もくれず、安さ重視で即決した。その分定員十五名と言いながら、乗りたい人は誰でも彼でもぎゅうぎゅう詰めにしてきそうな不気味な雰囲気が漂っている。さらに外国人観光客よりは地元の人が主に乗る車だから、一人ひとりの荷物は強烈に大きい。ヨーロッパ人のバックパッカーの荷物なんてかわいいもので、大サイズのスーツケースで、出稼ぎだかなんだかで都市部に出かけていた人が、クリスマスに地元に戻るための車になっている。こんなに荷物があるなら、後方部にある座席は倒して荷物用に使えばいいのだが、経営的観点から言うとそれは許されない。一人でも多く乗客を詰め込んで初めて儲けが出るからだ。荷物は黙って場所だけ占有するが、お金は一切払わない。そのことを係員の兄さんたちは常に計算しているのだ。

僕はこういうときは決して慌てずに助手席を選ぶことにしている。タクシーに家族と乗るときも、たいてい運転手の隣に座ることになる。僕以外の女性三人は後部座席のシートにすっぽり収まるので、必然的に体がでかい僕は助手席に座るという暗黙のルールが存在する。そうして助手席乗車キャリアを長年積んで気づいたことがいくつかある。まず、運転手は助手席にコーラやらタオルやら新聞紙やらを雑に置いていて、そもそも客がそこに乗るかもしれないことを忘れて席を私物化していることが多い。この乗り合いバスも最初は後ろの席から客を詰め込んでいった。だから最初から助手席に乗ろうとする人は少ないのだ。実はそんな忘れられた席にはメリットが多い。例えばフロントガラスから景色が楽しめる特等席であること、運転手からその土地のうまい食べ物の話を聞き出せること。おまけにエアコンがガンガンにきいていれば、勝手につまみを操作できる。これは人工的な寒さが苦手な僕には大切なポイントだ。そして何よりスペースが広いのだ。

すでに習性になっているせいで、この乗り合いバンにも、後ろの席に座らせようとする兄さんの指図には応じず、まんまと助手席に乗り込んだ。だけど、座って外を眺めながら二十分ほど待っても空席が半分ぐらい残ったままで、なかなか車は出発しようとしない。朝の涼しさを楽しんでいたはずだったのだが、だんだん早く出発せんかなと短気になりかけていた。そんなところに、ようやく他の飛行機が到着したのか、ポツリポツリと席が埋まり始めた。ようやく所定の席がすべて埋まり、これはそろそろ出発だなと身構えていると、空港出口から客を車へ誘導している細身の兄さんが、僕がまったく予期していなかったことを言い出した。

「すんません。このお姉さん、その間の席に乗せてあげて」

「その間」というのは、運転手と僕の間の狭い臨時席のことだ。普通は使わないはずの席だ。男なら半分の尻がはみ出すぐらいの小さなシートに客を座らせて、おまけに金を取ろうという魂胆が良くない。変速ギアがはみ出してかわいそうなぐらい小さなシートに、申し訳なさそうについてきた若い女性をねじ込んできたのだ。そんなわけで僕の「一時間ゆったりバン私物化プラン」はあえなく崩れ去った。僕は一度車を降り、ショートヘアでぱっちりとした目の彼女を、渋々真ん中の席に通した。彼女はサン・クリストバルまでの約一時間を、ずっと足をそろえたまま、バッグを膝の上で抱きしめていなければならない。客の僕まで申し訳なくなってくる。

そうしてバンは地元に帰る人や旅の途中の人たちを満杯に載せ、ようやく出発に向けてエンジンをかけた。屋根の上にはスーツケースを縛り付ける担当の兄さんが、切羽詰まった顔をしている。筋肉ムキムキの地上係員が下から放り投げる巨大なスーツケースたちを、受け取っては屋根に並べている。頑丈なロープで荷物を縛り付け、固定し終わったのをムキムキ兄さんが確認し、やっとバンはサン・クリストバルに向けて走り出した。

二番目の経由地であるサン・クリストバルまでの道のりの前半三分の二は、片側一車線の緩やかな上り坂がひたすら続く。順調に進んでいた車は、途中何度か低速のトラックに行く手を阻まれた。また逆に、制限時速をはるかに超えて追い抜いていく車もいる。トゥクストラ・グティエレスとサン・クリストバル、その先のコミタン、さらに隣国グアテマラまで、いろいろな大きさの車がこの道を使って物や人を運んでいるのだ。その車の流れに合わせ、高速の車が来たら路肩に車を寄せて追い抜くのを見送り、低速の車は対向車線にはみ出して抜き去る。

そうして一路東を目指す車の流れの中に、山積みのプラスチックかごを荷台にロープでくくり付け、ひたすらゆっくりと走るトラックが、僕らのバンの前をしばらくの間走っていた。くねくねした登り坂が続くせいで対向車線に車が来ているかどうかが全く見えず、センターラインを越えて抜くことができない。そのせいで十分ほどそのトラックの後ろをゆっくり走らざるをえなかった。あまりに暇なので、じっとそのトラックの後ろ姿を眺めていると、大量の箱のそれぞれにニワトリが入っているのが見えた。クリーム色のかごから赤いとさかが見え隠れして、「もう車酔いするから乱暴な運転やめてよね」と言わんばかりに鋭い目つきでじっとうずくまっているのだ。

かごはざっと数えて百五十は積まれている。一つに二羽ないし三羽入っているから、少なく見積もっても三百羽は載っているようだ。彼らはこれから鶏肉として売られていく運命なのかもしれない。僕がそんなニワトリたちの運命に想いを巡らせている間も、隣ではお構いなしに「いとこの結婚式に出るのよね」とお姉さんが言い、運転手が「いやあ、スミデロ渓谷はきれいだから行かれたほうがいいですよ、お嬢さん」みたいなたわいもない会話が延々と続いている。

そんな風にのんびりと乗り合いバンに揺られていると、山肌に松の木が多く見られるようになる。ここには日本を思い出す懐かしい風景がある。そういえば九十年代に村上春樹がこの地を訪れた時も、日本を思い出させると書いていた。先住民の村が点在する、少し物悲しい町サン・クリストバルに、一時間半で車は到着した。

3　みかんジュースとトウモロコシ

「バンを降りたら、サン・クリストバルの中央市場まで歩いてバスに乗り、ナサレ村に行って下さい」。その宿からの案内通りに市場を目指して歩こうかと思ったが、十ブロック、おそらく一キロの距離を歩かなくてはいけないことが、その場にいた停留所のお兄さんたちの話から判明した。荷物はリュック一つとキャスター付き小型キャリーケースだから行けなくはないが、できれば体力を温存したい。

バスターミナルでぐずぐずしていると、「車で連れて行くから早く乗りな」とタクシー運転手やバス会社のあんちゃんたちから、いけない誘惑が次々と襲い掛かってくる。魔女に毒りんごを差し出されているかのようだ。いや違うんだ。今回は安い乗り合いの交通手段で行くと心に決めたはずじゃないか。今楽したら、一生「楽だけどお金がかかること」ばかりで生活が埋め尽くされてしまう気がする。とか何とか考えながら、国道沿いの歩道でうろうろもじもじしていたら、巨大な女のはりぼて人形を従えた、にぎやかな行列が車の流れを堂々と遮った。国道を横切って、町の中央へ向かうそのグループは、後方に続くピックアップトラックの荷台に聖人像を載せている。観光客が周りにいないところを見ると、純粋に彼らは教会から聖人像をそっと取り出し、地元有志で結成したブラスバンドのけたたましいラッパや太鼓の音とともに、クリスマスの儀式を荘厳にとり行っているのだ。三メートルを優に超える「はりぼておさげ女」が、目の前をくるくると回りながら横切っていく様子は派手で楽しそうだ。

引き続き乗り合いタクシー乗り場を探して歩いていると、みかんジュースとトウモロコシの炭焼きを売る屋台があったので、そこで一服することにした。立ち食いするにはどうしても立ち止まらなくてはならないから、次の行動に迷い、ぐずぐずしている自分に言い訳ができる。おまけに母親と娘二人でやっているその店のトウモロコシは、異様に濃い黄色をしており、見るからにうまそうだ。いや、黄色というよりオレンジ色に近い。それをじっくりと炭火であぶっている。十五ペソだから百円もしない。一緒に売っている生みかんジュースも買って、ひとまず落ち着くことにした。

メキシコシティの道端の屋台でよく売られているトウモロコシは、クリーム色をしていて粒が大きい。そして表面にはこれでもかとねっとりマヨネーズを塗りたくり、おまけに真っ赤なチリパウダーとレモン、それに粉末チーズをかけるのが定番の食べ方だ。ところがこの屋台で出されるのは、レモンと塩のみのシンプルな味付けだ。おまけに茎がそのまま取っ手になっていて、発泡スチロールの容器ではなく、トウモロコシの皮にのせただけで「はいどうぞ」と出される。薄黄緑色の皮は白い産毛で覆われている。そこにお好みで使ってねと粗塩が少々載っていて、そのシンプルで自然体な感じがとても気に入った。エコだし。

　そんな自然派トウモロコシをがりがりとかじりながら、また少し歩くと薬局を見つけた。ジェネリック薬品を置く、その名も「ファルマシア・アオーロ（日本語に意訳すると「節約しまっせ薬局」）」というチェーン店だ。メキシコ全土に広がるこの薬局には、多くの場合小さな診療所が併設されていて、医者が常駐している。無料で診察する代わりに、処方箋に必ず「節約しまっせ」式のジェネリック薬品が登場することになっている。この医者と薬屋の絶妙な持ちつ持たれつの関係を、僕はこよなく愛している。とにかく予約せずにタダで診てくれる医者がそこら中にいて、市民は安心して暮らせるのだ。おまけにさっきから喉が結構痛い。早いところ薬を飲んで風邪を治そうと待合室を覗いたら、診察室の扉が開いていた。タダだけに待つ人も多いのがこの手の診療所の常だが、どうやら今は待ち時間ゼロで診てくれそうだ。

白い壁の小さな診察室に入ると、若い大柄の女医が暇そうに携帯をいじっていた。これはラッキーだ。おまけに僕はメキシコシティで、すでにこの「節約しまっせ」式併設診療所で医者にかかったことがある。だから、患者データベースに登録されていて、最初から生年月日や氏名を繰り返さなくてもいい。とっとと診察してもらったら、あわよくば道まで聞いてやろうかと気がはやるのを抑え、まずは喉を診てもらう。

「はれてはいるけど、まだバイ菌に感染した感じじゃないね。念のため抗生物質も出すけれど、一日はれ止めの薬を飲んで治らなかったときだけ抗生物質を飲んでね」

低音の声が魅力的な女医は、そう言いながらパソコンに向かうと、処方する薬の名前を打ち込み始めた。思ったより症状が軽そうなので安心した。何しろこれからさらに山奥へ進み、大自然の中で馬に乗ろうかというときに、「安静にしていろ」なんて言われたらやっぱりつらい。処方箋がプリントアウトされ、さらに「節約しまっせ」薬局で使える、なんだかよく分からない割引クーポンが、四枚もおまけでついてきた。

「で、どこに行くの。旅行でしょ」

こちらが道案内してもらおうとしているのを見透かしたように、ドスのきいたハスキーボイスで彼女は聞いてきた。

「テオピスカの方面に行きたいけれど、乗り合いタクシーがどこで乗れるのか分からないのです」

「テオピスカ？　何もないよ、そっち行っても」

女医は、「何だ、この変なアジア人は」という表情を隠しもせずに、少しため息をついた。

「でも乗るならこの道を進行方向にもう少し歩いて。そうしたらタクシーが停まっているから」

その後、彼女はチアパスにはまだ知られていない、多くの秘境があることを教えてくれた。実は彼女も旅行が好きで、僕が牧場に行くという話を聞いて、いろいろと自分の経験を話してくれたのだ。だんなさんは政府の観光省に勤めていて、未開のジャングルの中で地元の人と協力してエコツーリズムを盛り上げる仕事をしているらしい。

「私も一度連れて行ってもらったんだけれど、本当に手付かずの自然の中で泊まるのは素敵だよ」

野鳥や野生動物が、頑張って探さなくてもそこらじゅうにうろうろしているという。彼女はだんなさんと出会ってチアパスに住んでいるが、実はメキシコ北部の海岸線沿いの出身だった。外から来てチアパスの自然に魅了されるのは、何も外国人だけではない。

サン・クリストバルから、エバーグリーン牧場のあるサン・イシドロ・チチウィスタン村に向かうには、終着地点の「テオピスカ」行きの乗り合いタクシーに乗るようにと、宿からの案内メールには書いてあった。確かに女医姉さんが言う通り、「テオピスカ」は観光ガイドにはまず載らない地名だし、外国人が目指すべきものは何もない。だけど僕にとっては、目的地にたどり着くための目印となる地名だ。テオピスカ方面に向かって国道一九〇号線を走れば、まずベタニア村があり、続いてナサレ村があるはずだ。サン・イシドロ・チチウィスタン村に行くには、どちらかで降車しなくてはならない。ナサレ村まで行って、乗り合いタクシーが運よく待っていれば、そこでサン・イシドロ・チチウィスタンへ向けて国道から山道に入り、四十分も行けば牧場に到着する。

僕は丁重にどす姉さんにお礼を言い、隣の「節約しまっせ」薬局で薬一式を購入した。そして一緒に買った水で薬を飲むと、ボトルと薬をリュックにねじ込んだ。さっき屋台で買ったトウモロコシもティッシュにくるんで入っている。

サン・クリストバルでお祭りが行く手を阻む。

4　ロヘリオおじさんの野望

教えてもらった道を頭の中で反芻しながら国道沿いを進むと、タクシーが六台ほど行儀よく列になって待っているT字路を見つけた。どうやらこれが探していた乗り場らしい。一番前のタクシーの後部座席には、大きな荷物を膝に抱えた、いかにもこれから村に帰りますという風情の、よく日に焼けた夫婦が座っていた。三人がけの後部シートに、もう一人乗れるようにとしっかりスペースを詰めて座っている。つまりこれは乗り合いタクシーの乗客としてのマナーであり、ルールなのだ。その様子は、バスや電車で人が来ないことを祈って、隣の席にかばんを置く日本の高校生やおじさんたちと正反対の礼儀正しさだ。かくいう僕も、サン・クリストバルまでのバンでひそかに隣に人が来ないように祈っていたから、偉そうなことは言えないのだけれど。

はたしてこのタクシー乗り場が正しいのか、分からずにあたりをうろうろしていると、運転席からハンチング帽をかぶり、口ひげをたくわえた初老の運転手が出てきた。お、しめしめ、声をかけてくれるのか、と期待した僕の気持ちをよそに、おじさんは近くの歩道にたむろする若い衆の話の輪に加わり、和気あいあいと談笑し始めた。きっと僕のような外国人観光客は、こんな乗り合い（言い方は悪いけどオンボロ）タクシーの客にはならないと思われているのだ。仕方ないのでこちらから声をかけた。

「ナサレに行きたいんだけど、乗り合いタクシーはどこで捕まえればいいですか」

「うん？　それならこいつに乗りな。ナサレは通り道だから」

客だと分かると突然おじさんの動きは機敏になった。彼は僕がころころと大切に引いてきた黒いキャリーケースを持ち上げると、結構な力強さでトランクに押し込み始めた。でも他の荷物がぱんぱんに積み込まれているせいで、なかなか収まらない。段ボールに詰まった食料品から衣類まで、そこには先客の後部座席つめつめ座り夫婦の、地元の村に持って帰るであろう買い出し物資がぎゅうぎゅうに詰まっている。それぞれの荷物には、ひもが無造作に十字がけされている。それでもなんとかその埃っぽいトランクのすき間に、自分のカバンが無理やり押し込まれるのを確認して、ようやく僕は助手席に乗り込んだ。

でもなかなかタクシーは出発する気配を見せない。なんだかさっきのバンと同じパターンだな、と思って周りの様子をうかがっていると、運転手以外に四人乗客が集まらない限り、いつまでも待ち続けるつもりであることが分かった。別に客引きするわけでもなく、またおじさんは若い衆とのんびり雑談を始めた。要するに同じ方向に行く客があと一人足りないのだ。一人の運賃が三十五ペソ（二百円）だから、もう一人乗るか乗らないかは、運転手にとって死活問題なのだ。僕はこういう待ち時間を節約するために、今までお金を余分に払ってタクシーには一人で乗ってきたのだ。だから文句を言う筋合いは一つもない。

ようやく最後の一人、これもおそらく自分の村に帰る途中であろう中年の女性が乗り込んで、やっと車は出発した。実はそれまで何人かのタクシー運転手が、「百ペソ（六百円）でナサレ村まで連れて行ってやる」と声をかけてきていた。ひ弱な僕は当初の誓いはさておき、喉が痛いのを言い訳に、よほど高いタクシーに乗ろうか迷っていたのだ。でも断ってよかった。甘い誘惑にのり、楽をするには少し余分なお金がいるだけだ。でも、今回は時間に追われているわけではないし、きっと楽をしたところで何も面白いことは起こらない。

「どこから来たんか」

例によって助手席に陣取った僕に、ぶっきらぼうに話しかけてきたその運転手は、名をロヘリオといった。口数は少ないが、朴訥な口調でぽつりぽつりと質問を投げかけてくる。どうも彼にとって僕は世にも珍しい外国人の乗客で、いろいろと質問があるらしかった。

「出身は日本だけど、今はメキシコシティに住んでいます。ナサレ村で降りたら、別の乗り合いタクシーで牧場に泊まりに行くんです」

ひとまず最終目的地の手前まで連れて行ってほしいことを伝えた。

「そうかそうか。ところで日本の通貨は何ていうのか」

ロヘリオおじさんは、アクセルをべた踏みしながら、なぜかおもむろにお金の話をし始めた。

「円（スペイン語ではジェン）ですけど」

「円はペソに換算するといくらじゃ」

「今はだいたい一ペソが六円です」

「そうすると、ペソのほうが貨幣として強力だっちゅうことか」

「まあ、換算レートで数字だけを比べるとそうなりますが」

為替レートの仕組みを無視し、数字の大小だけで「どっちの貨幣が強いか」を単純に比べようとするメキシコの年配の方々のお話に、僕はこれまで何度も付き合ってきた。そのたびに市場のバランスで通貨レートは変わるのだと説明しても分かりあえず、結局面倒なのでまったく違う方向に話をそらし、ごまかしてきた。経済の原理をわかりやすく説明できるほど、僕にはスペイン語能力がない。

「ケツァルがペソより強かったことがあるんじゃ」

ロヘリオさんは隣国グアテマラの通貨「ケツァル」の話をし始めた。たとえ一ケツァルあたり二・五ペソだとしても、それが単純に「ペソがケツァルより安い」ということには決してならないのだが、この手の比較が出たら、もう話題を変えたほうがいい。

「グアテマラに行ったことがあるんですね」

「ああ、国境から八キロぐらい入ったところまでだけどね」

しめしめ、何とかグアテマラの話になりそうだと安心したのも束の間、ロヘリオさんは、

「ところで日本円を持ってないかい」

と言い出した。なるほど、円の話をしていた理由は、日本円のコインをくれというおねだりの布石だったのかとそのとき合点がいった。

整備された国道をひた走るこのタクシーは、結構なスピードを出している。メーターで

確認しようとしても、針はゼロを差したままぴくりともしない。ロヘリオさんはこの調子だとスピード違反で警察に止められても、「メーターが動かないから仕方ないんじゃ」などと押し切りそうだ。それを受けて警官も、「しゃあないな、それじゃ、じいさんせいぜい事故るなよ」とか言って済ませそうだ。

「あいにく手元にはないけれど、よかったら次回来るときに持ってきますよ」

僕はその場しのぎで答えた。

「次って言ったって、いつ来るんじゃ」

「一年後ぐらいでしょうか」

「一年後なんて、俺はもうこの世におらんよ」

「いやいや、お若いですって。おいくつなんですか」

「六十五歳」

そんなやり取りをする中で、五円玉ぐらいでいいのかなと一応聞いてみたら、予想を裏切る答えが返ってきた。

「いや、欲しいのはお札じゃ」

初対面で厚かましいな、と思いながら僕は黙って暗算し始めた。日本の紙幣といえば、最低でも千円だ。ペソに換算すると約百六十ペソ。メキシコではスープ、ライス、メインディッシュ、デザート、さらに飲み放題のフルーツジュースがついた定食が一食五十ペソで食べられる。たとえ持っていたとしても、定食三食分のお金を行きずりの人に簡単にあげるわけにはいかない。

「ペソでいうと百六十ペソ近くです。コインだったら次回来るときに持ってきて、喜んで差し上げますが」

「いや、恵んで欲しいんじゃないんよ。俺は古いペソのお札や世界中のお札のコレクションをしているんじゃ。だから当然お金を支払って日本のお札を買う」

その言葉を聞いて、話を最後まで聞かずに、人を見た目で決めつけていたことを反省した。ロヘリオおじさんは、外国人が珍しいから「ダメもと」で何かくれと言っているわけではなかったのだ。仲間と一緒にお札を集めていて、十万円以上もする古いメキシコの紙幣もそのコレクションの中にはあるという。つまり生粋のコレクターだったのだ。

「分かりました。次来るときには、きっとさっきのタクシー乗り場であなたを探し出してお札を渡します」

勢い余ってそう約束した。いろんな村に乗客を乗せて走り回るタクシー運転手に再会するなんて、かなうかどうか誰にも分らないのだけれど。

四十分ほどテオピスカ方面へ車が走ったところで、ナサレ村の一つ手前のベタニア村で降ろしてもらうことにした。ナサレ村まで行って、さらに別のタクシーに乗り替えするのが、エバーグリーン牧場からもともと教わっていた道だ。だけど、そこで乗り合いタクシーが見つからない場合、ずっとタクシーが通るまで待つか、それともこのベタニアまで戻って、割高な個人タクシーに乗るしかないとも書いてあった。だったらベタニアで最初から降りて、あわよくば途中で通りがかった乗り合いタクシーを止めてやろうと思ったのだ。どうしようもなくなったら、その時は個人タクシーに乗るしかない。

ロヘリオおじさんは未舗装の路肩に車を停め、後ろにまわって僕の黒く小さなキャリーケースを手早く地面に置いた。タクシーの中での会話の食いつき具合とは対照的に、お別れはやけにあっさりとしている。そう、彼はこの後、後部座席の夫婦や、もう一人のおばさんとその荷物たちを、迅速かつ丁寧に彼らの住む村に送り届けなくてはならないのだ。国道一九〇号線はテオピスカ方面に緩やかに蛇行しながら続いていた。ロヘリオおじさんは、乾いて澄んだ空気の中に派手に砂埃を立てながら、車を勢いよく発車させた。

ロヘリオおじさんの車はスピードメーターが故障している。

第2章

エバーグリーン

5 ベタニア村

ベタニア村の国道沿いには、みかん、オレンジ、バナナ、りんごなど色鮮やかな果物を売る露店がずらっと続いていた。階段状に木箱を重ねた陳列棚に、オレンジ色や黄色が並んでいる。一番下の地面には濃い緑をした大きな冬瓜が立てられていて、その強烈な色のコントラストに思わず見入ってしまう。家族と来ていたら立ち止まった途端、早く行こうと娘たちにせかされるところだ。でも今回は一人旅だし、誰にも何も言われないから、お店の人に一言断って、ゆっくりカメラのシャッターを切った。

そして目の前の国道一九〇号線を渡り、停まっていたタクシーの運転手に、目的地のサン・イシドロ・チチウィスタン村までいくらで連れて行ってくれるかを試しにきいてみた。路肩に停車しているタクシーを見つけては、結局三人の運転手に聞いたが、みな百五十ペソ（九百円）だという。一人ぐらいダンピングして安くしてくれるのかと期待していたが、彼らは協定で決められているかのように、まったくもって同じ金額を提示してきた。たとえこれからの道のりがいくら山奥で険しいのだとしても、トゥクストラ・グティエレス空港からサン・クリストバルまで、一時間半の道のりを二百ペソ（千二百円）でやってきたのだ。二十分の一ぐらいの距離で値段がほぼ同じなんて、いくら何でも妥協するわけにはいかない。だけど目の前の国道を行き来する車は、物資を運搬するトラックや自家用車ばかりで、いくら待っても乗り合いタクシーやバスが通りそうな気配はない。

仕方ないので乗り合いタクシーの乗り場があるはずの一つ先の村、ナサレまで歩いて行こうかと、キャスター付きの黒いキャリーケースをごろごろ国道沿いに引き始めた。宿からの案内通り、ナサレ村まで行ってからタクシーを降りればよかったなと、さっきお別れしたばかりのロヘリオおじさんの顔を思い出していた。路肩のすぐ脇には森が迫っている。そして一本道の国道は延々と先に続いていて、どこまで歩けばナサレ村に着くのかよく分からない。

とぼとぼと歩き始めて間もなく、前方にサングラスをかけた白人女性が立っているのが目に入った。こちらを真正面から見つめている。こんな辺鄙なところに外国人風の人がいるということは、僕と同じようにエバーグリーン牧場を目指す旅行者かもしれない。でもサングラス越しだから、こちらを見ているのかはっきりしない。もしかしたら自意識過剰なせいで、勝手に僕が視線を感じているだけかもしれない。はたまた背後にいる誰かを見ているかもしれないので、念のため後ろを振り返ったが誰もいない。そのまま気づかないふりをして通り過ぎようとしたら、「シンジ？」と満面の笑顔で彼女が声をかけてきた。にかっと口角を上げて笑うから、きれいな白い歯が見える。

細身で姿勢が良くて、薄い青のスリムなジーンズに真っ白な襟付き長袖シャツ姿の彼女は、僕がまさに目指しているエバーグリーン牧場の奥さん、ステファニーだった。髪を後ろでまとめ、青空を背景に笑う、その立ち姿は颯爽としてかっこいい。娘と買い出しに来ているところ、あまりに偶然に初対面したのだ。通りの反対側には、今にもこちら側に国道を渡ろうとしている少女がいた。次女のシャヤンだ。白い肌に栗毛の十四歳は、すました表情にそばかすを浮かべているが、お母さんと同じく、すらっとしていて年齢よりずっと大人っぽく見える。トレーナーに、やっぱりジーンズをはいている。

彼女たちは僕に英語で話しかけてきた。誰が見ても僕は正真正銘のアジア人の顔をしているので、まさかスペイン語が話せると思う人はまずいない。ラテンアメリカの観光地に行くと、だいたいなまりのきつい英語で話しかけられる。だから、ステファニーや娘のシャヤンが英語で話しかけてくるのも当然の流れだ。

「シンジ、これから宿に戻るところだから、一緒にタクシーで行きましょう」

そうか、この人が僕の今回のけちけち乗り合い旅行魂に火をつけた張本人なのだ、とその時思い出した。宿に向かう最後の最後の行程で、どうやってたどり着こうかと途方にくれていた僕は、こんなふうにして割り勘タクシーで、目的地の牧場まで直接連れて行ってもらえることになったのだ。

「道沿いのタクシーの運転手たちとあなたが話しているのを、ずっと見ていたのよ。それでこっち向いて歩いてきたから、どこに行くつもりなんだろうと不思議に思っていたところ」

ステファニーは興味津々で僕を眺めていたらしく、ニコニコを通り越し、もはやニヤニヤしている。あなたの挑発にまんまと乗って、意地になって歩いていたのですよ、と言いたいところだったが、恥ずかしいのでやめた。

「この道に乗り合いタクシーとかバスは通るのかときいていたんだ。一人でタクシーに乗ると料金は高いし、乗り合いタクシーを探すなら、この先のナサレ村まで歩かないといけないっていうし。それで仕方ないから歩き始めたところだった」

正直に言っただけだったが、どうも変な奴がきたとでも思ったのだろう、ステファニーはまだニヤニヤしている。

「それにしても時間通りに着いたのね」

僕はちょうどお昼の二時頃に宿に着くとメールで伝えていた。だからその一時間前にステファニーとシャヤンは、ベタニアまで野菜や果物を買い出しに来ていたのだ。そんなところにあらかじめ日本人だと伝えていた僕が登場したから、すぐに誰だか分かったらしい。それにしても一つ先のナサレまで行かずに、ベタニアで下車して結果的に大正解だったことになる。どうやら今回の旅はついている。ステファニーの笑顔がとびきり明るいから、途方に暮れかかっていた僕の陰鬱な気持ちは、あっという間に吹き飛んだ。和やかなウェルカムムードの中、車は二人の買い物の戦利品が入った木箱や、買い物袋をトランクにたっぷり積んで発進した。

国道190号線の路肩にはずらりと果物屋が並んでいる。

6　スペイン語か英語か

途中タクシーはステファニーの指示で、道端にある露店に寄った。サン・クリストバルからベタニアまでの道は、きれいに整備された国道だけれど、ひとたび道路から路肩に出ると黄土色の砂地だ。その上に途中いくつも露店が並んでいるのを見かけた。メキシコ国内の幹線道路沿いには、いたるところに露店が出ていて、土地ごとに売っているものが違う。たとえばメキシコシティからアカプルコがあるゲレロ州に向かう途中には、五十本ほどをひとまとめにしたバラの花束が無造作に台の上に積まれて売られている。北西の方向にケレタロ州を目指して走ると、イチゴのパックがたくさん売られている。そしてここチアパス州のサン・クリストバルからテオピスカ方面に続く国道沿いには、なぜか大量の木箱と、観賞用のサボテンの鉢植えをたくさん見かけた。

ステファニーとシャヤンが、ベタニアから五分ほど行ったところにぽつりとある露店を目指したのは、サボテンの鉢を選ぶためだった。どうやら牧場からベタニアに買い出しに来る道すがら、道端に並ぶサボテンに目をつけていたらしい。そしてその露店には、例によってずらっと木箱が積まれていた。僕はサボテンを買っても持って帰れないので、待っている間木箱屋さんのおじさんとおしゃべりをした。

「そこら中の露店で木箱をやたらと見たんだけど、ここにも並んでいるでしょ。どうして木箱が売られているのですか」

「ああ、これはね、野菜やら果物やらを運ぶ時の箱だよ。ここらへんの山の木を使って我々が組み立てて。ほら、手作りの椅子もあるよ。どうだい一つ」

おじさんはすぐ近くに木がうっそうと茂った森を指さしながら、木箱は一つ三十ペソ（百八十円）だと教えてくれた。熱心にすすめてくれたけれど、木箱も椅子ももちろん丁重にお断りした。木箱の話を聞いていると、サン・クリストバルやトゥクストラ・グティエレスなんかの町で買い付けた食料品を、これらの木箱に放り込み、大量にピックアップトラックに載せる一家のお父さんの姿が目に浮かんだ。家族の待つ地元の村に持って帰るとき、段ボール箱を重ねてしまうと重みと湿気で箱は折れ縮み、みかんならつぶれて汁だらけになってしまうだろう。でもこの木箱を使えば、何段積んでもせいぜい各箱の一番底に運悪く置かれたみかんだけが少し形を崩すぐらいで済む。そうして何とか目的地の村まで無事運べば、いつもはだんなに厳しい奥さんたちも、きっと笑顔で出迎えてくれるに違いない。

そうこう想像をめぐらしているうちに、ステファニーとシャヤンはあれこれ話し合った末に、一鉢四十ペソ（二百四十円）の、拳ぐらいの大きさのサボテンを二つ選び終わっていた。そして僕らは再びタクシーに乗り込んだ。サボテンは極細の白いひげのような長いとげで覆われていた。そして僕はいつもの通り助手席に、二人は後部座席に座って牧場に向かう。

道中、僕らの会話はやっぱり英語だった。

「実は家族が日本に帰っていて、久しぶりに一人旅をできることになったんだ。だから、多少遠くてもなかなか行けないような場所を探していて、エバーグリーン牧場を思い出したんだ。もし気に入ったら今度は家族と来るかもしれない」

「つまり今回の滞在は下見で、私たちにとってのテストも兼ねているということね」

ステファニーは僕の言葉に歓声をあげた。ものすごく物分かりがいい。

それにしても相手の英語が流暢だと、同じスピードで話せない自分に少しイライラしてしまう。アクセルを踏んだけど車がなかなか思うように進まないような感覚だ。何しろ僕は英語が公用語の国に住んだことがない。だからタクシーが山道をガタゴトと揺れながらゆっくり上ったり下りたりする間、少しは話しやすいスペイン語に転換できないかとタイミングを探っていた。

「ところで家族の共通言語は何なの」

「英語よ。だんながグリンゴだからね。でもスペイン語も話すよ」

「グリンゴ」とは、アメリカ人のことをメキシコで冗談めかして言う時に使う言葉だ。もともとは駐留米軍を追い出したいがために、グリーン・ゴー（Green go）と言っていたのがスペイン語風になまった蔑称だと聞いたことがある。

「実はね、ステファニー。僕はメキシコにもう八年も住んでいるから、英語よりスペイン語のほうが話すのが楽なんだ」

スペイン語に切り替えながら、僕は正直に打ち明けた。タクシー運転手や、サボテン屋アンド木箱屋のおじさんたちとステファニーが、相当にナチュラルなスペイン語を話しているのを耳にしていたからだ。

一方僕にとっての英語は、上京したばかりの関西人が、無理やり使うよそいきの標準語に限りなく近い。頭の中である程度文章を組み立ててからでないと、うまく話せない。緊張するし、通じなかったときは自分の発音に自信がなくなってしまう。一方スペイン語は大阪生まれが使う関西弁であり、何も考えなくてもわりとすらすら言葉が出てくる。こみ入った話でなければ、頭で事前に組み立てなくても話せる言葉になっている。

「私はフランス人だから、ラテン語がルーツのスペイン語は不自由なくしゃべれるよ。シャヤンも長女のゾエも英語、スペイン語、フランス語が全部話せるわ。ダンナのサムエルはアメリカ人だから、どうしても英語がメインだけど、スペイン語もブロークンだけど話すよ」

ステファニーはまったく英語の時と変わらないスピードで、スペイン語に切り替えながら言った。旅先で、相手と何語で話すかを決めることは、その後どれぐらい相手と打ち解けられるかに大きく影響してくる。今回のように、相手がどの言語でも大丈夫そうであれば、僕は迷わず自分が得意なスペイン語で話してもらうよう誘導することにしている。こうしてひとまず劣等感をひきずらずに、この旅を楽しむための土台は作れた。そんな会話を十四歳のシャヤンはじっと黙って聞いている。

二十分ほどおしゃべりをしながら、ゆっくりと進むタクシーに揺られていると、やがてアスファルトで舗装された道路が途切れ、山肌を切り開いた砂利道が姿を現した。砂埃の舞う道を、さらにスピードを落としてタクシーは奥地へ向かった。途中ぽつぽつと民家が見えるが、どちらかと言えば原生林や、たまに登場するトウモロコシ畑の中に無理やり切り拓いてできた砂利道を、申し訳なさそうに人間が通らせていただいていると言った方が近いかも知れない。すれ違う車はなく、当然車線なんて存在しない。

「制限時速二十キロ。オーバーしたら罰金千ペソ（六千円）」

そんな手書きの木製看板が立っているのを途中何度も見かけたが、そもそもこの道でそれ以上のスピードを出すのはなかなか難しいだろう。ガードレールがない急斜面が、すぐそこに迫っている。

砂利をぺちぺちこんこんとはじきとばし、がたがたと大きな音を立てて進むタクシーの車内は、腹から声を出さないと相手には届かない。だからだんだん僕もステファニーも無口になった。そうして国道沿いのベタニアの村から四十分ほど山の中へ入り、山道を上ったり下りたりしていると、突然道幅が広がり、車二台がすれ違える真っすぐな道に出た。ようやく僕らは目的地にたどり着いたようだ。

「青い門のほうに車をつけてね。今回は荷物が多いから」

ステファニーは運転手に告げた。「門」というよりは、ただの「柵」の前で車はようやく止まった。

僕はステファニーたちが買った荷物をトランクから取り出しながら、割り当てられた四十ペソ（二百四十円）をステファニーに渡した。一人でタクシーに乗っていたら三倍以上のお金がかかっていたところだ。こんな風に宿の女将に国道沿いで巡り会うことなんて、普通はないのだろうけれど、たまには信念を曲げずにだらだらと粘ることも大切なのかもしれない。

「ようこそ私たちの牧場へ。ここがランチョ（スペイン語で牧場）・エバーグリーンよ」

ステファニーは相変わらずきれいな白い歯を見せながら、高々と告げた。

サボテンを売る国道沿いの露店。

7 山奥の多国籍地帯

目にしみるような鮮やかな緑は、よく日が当たって育った芝生のせいだ。いくつかの木の柵が広大な土地を大雑把に仕切っている。さっきまで埃っぽい道をタクシーで走ってきたせいか、余計に空気が澄んで見える。空は濃い青で、太陽からの光が肌に鋭く突き刺さるのを感じるのは、標高が二千メートルを超えるからだろう。さっき入ってきた門から敷地内を少し歩き、ステファニーたち家族の住む母屋に向かった。途中、ステファニーのだんなでシャヤンの父親でもある、サムエルが上半身裸のぼさぼさ頭で登場した。僕がこの牧場のことを知った雑誌「メヒコ・デスコノシード」に彼の写真が大きく登場していたから、初めて見る顔ではなかった。でも、悪いけど雑誌で見たはずの、きりっとしたアメリカ人青年の姿はそこにはなかった。グレーの髪はライオンのたてがみみたいに広がり放題だ。どちらかといえばひょうきんなおじさんという風貌をしている。想像していた少しクールな印象はまったくなく、かえって親しみやすそうだ。アメリカ人だから本当の発音は「サミュエル」のはずだけど、スペイン語風にサムエルの「エ」にアクセントをつけて奥さんのステファニーからは呼ばれている。

続いてサングラスをかけた「ど」金髪の青年が、芝生に足を投げ出し、後ろ手に体を支えながら座っていた。黒の無地のTシャツと茶色のズボンは、汚れてもいいようにチョイスされているみたいだ。

「初めまして。サンフランシスコから来たデイビッドだよ」

カーリーヘアーの白人で、ちょっとぽっちゃりした若い兄ちゃんだ。青い目をした彼の年齢は、見たところ三十代半ばで、同級生だったらあんまり近寄りたくないタイプの、なんか意地悪そうな笑いを口元に浮かべている。でもこれは僕のひどい偏見で、実は真面目一徹なエンジニアだということが後から分かった。

母屋の前に広がる広大な緑の芝地には、丸太で作った六人がけのテーブルがある。そこで粘土をこねくり回して、陶器らしきものを作ろうとしている褐色の肌をした女性が笑いかけてきた。あいさつの握手は、ねとねとの粘土のせいでできないが、スリランカ出身で、同じくサンフランシスコに住む「ラバーニャ」だと名乗った。デイビッドと同年代に見える。「オリジナリー・フロム・スリランカ」とネイティブな英語で言われ、僕は戸惑った。カテゴリーでいうと、僕とラバーニャは同じアジア人のはずだ。褐色の肌をしていて目が大きく、南アジア系のエキゾチックな顔をしている。だけど英語はアメリカ人そのものだ。デイビッドとは二人で「友達」として同じ宿に泊まって一緒に旅しているらしい。滞在中二人の間には、愛のささやきらしきものがまったくなかったので、本当に「友達」としてルームシェアしているのだろう。

デイビッドはロシア生まれだが、十歳のときに家族みんなでアメリカに移り住んだ。だからロシア系アメリカ人だ。ラバーニャは家族と移住したサンフランシスコで十年以上働いていたというから、スリランカ系アメリカ人という方が正しいだろう。典型的なスリランカ人のイメージといえば、僕の中ではサリーなどの民族衣装をまとい、金の腕輪をし、眉間に黒いほくろのようなものを塗ったりしている。だけど彼女はショートヘアでジーンズにトレーナー姿だ。二人とも独身らしい。あとで聞いたが、この宿の宿泊客は九割が外国人だ。馬とのコミュニケーションを大切にする馬術を学び、さらに田舎暮らしが体験できるため、ヨーロッパから訪ねてくる人が特に多いという。たぶん、フランス語や英語が通じるのも、欧米人をこんな辺鄙なところまで引き寄せる理由の一つだろう。そんな中、まれに僕のような日本人が迷い込むのだ。

ステファニーに案内され、中に入った母屋の中央には長い木のテーブルがあり、そこには詰めれば十人ほどが座れる、「食卓」兼、「事務机」兼、「応接室」兼、「子供の勉強机」があった。普通のホテルでいうなら、レセプションのフロントデスクにもなる。僕はすでに寝泊まりする部屋を七百ペソ（四千二百円）で借り切り、食事と宿泊費をネットバンキングで振り込んであった。メールでのやり取りはすでに八往復もしていたので、初対面だけどこの家族は他人とは思えない。

「寒いからセーター持ってこいよ」とか、「食事は肉や魚も食べるのか」だとか、まるで遠くから久しぶりにやって来る友達や親戚を迎えるような、親しげで、感じのいいやり取りだった。そして安い移動の仕方について教えてもらった僕は、結局千ペソ（六千円）で空港から直接タクシーで乗り付ける代わりに、時間はかかったけど二百八十ペソ（千七百円）で牧場に着くことができた。

ステファニーは日本の民宿でいうところの女将の役割を一手に引き受ける。客が来たら泊まる場所に案内し、食事を作り、会計や予約の受け付けもする。そして当然家族の面倒る。

も見るから、食事込みで宿泊を申し込んだゲストは毎回家族と一緒に食事をすることにな

ところで、どうしてフランス人の彼女がチアパス州の奥地にいるかというと、メキシコ中を旅していて、この土地が一番気に入ったから住み着いたということらしい。フランスの生活もいいけれど、小さい頃から自然の中にいるのが大好きだった彼女には、このサン・イシドロ・チチウィスタン村の自然に囲まれたワイルドな生活がしっくり来たのだ。そしてアメリカ人のサムエルと出会い、七年前から牧場を運営し、ファームステイを希望するゲストを迎えるようになった。

一方だんなのサムエルは、メキシコに来る前からずっとアメリカで馬にかかわる仕事をしてきた。牧場の馬の世話や競争馬の調教をいろいろなところでやってきたという。そうしてメキシコ各地を十三年間転々とした。そんなとき、ある牧場で乗馬を教えていたところに、ステファニーが生徒としてやってきたのだ。それ以来二人は生活を共にしている。牧場全般の世話を担当するサムエルは、ゲストの乗馬アクティビティのインストラクターでもある。そして動物の餌やりなどを含めて三十七ヘクタールの広大な土地すべての面倒を見ている。ヘクタールというとぴんとこないが、計算すると東京ドーム八個分の広さに

あたる。

家族は十四歳と十六歳の娘が二人とオーナー夫婦の四人だから、僕の家族と同じ構成だ。でもここには馬が十四頭、犬と猫がそれぞれ五匹ずつ、羊が四頭に牛が一頭、ニワトリがたぶん八羽ぐらいに、なぜか七面鳥が一羽まじっている。みんな毛並みや羽がつやつやしていて、栄養状態が良いのが一目で分かる。これを全部合わせて家族と考えれば相当な大家族だ。

そんな説明を聞いて、うんうんとうなずいている僕の前で、十四歳のシャヤンはずっと僕の後ろの大きなガラス窓を眺めていた。そこに映る自分の顔を見ては、前髪をいじったり顔のアングルを変えたりして満足そうにしている。「この子は客が来ているのに全然会話にも入ってこないし、何なんだ。確かにかわいいけど、相当なナルシストなんじゃないか」などと思っていたが、実はついさっき、つまり僕とベタニア村で会った少し前に、生まれて初めて前髪を切ったところだとステファニーから聞いた。確かに雑誌で事前に見ていた彼女の写真は、今よりずっと幼く、表情がまったく違って見えた。そりゃ、女の髪は命だから、イメージチェンジ後は気になって仕方がない。自分が思っていたより大人っぽく見えるのが、どうやらかなり気に入っているのだと、ステファニー母さんはこっそり教えてくれた。実はシャヤンのお姉さんのゾエが、前髪を初めて切った時もまったく同じ反応だったらしい。

ところで十六歳の長女ゾエは、今僕がさっさと離れてきた、この近辺で一番大きな観光地であるサン・クリストバルの町に、フランスから来たおばあちゃん（つまりステファニーのお母さん）と泊まっていて、その日は不在だった。リヨンに住むおばあちゃんは、田舎暮らしが嫌いだから、メインの宿はサン・クリストバルにしておいて、クリスマスの間だけ家族に会いにエバーグリーン牧場にやってくるらしい。だからゾエとおばあちゃんの二人に会えるのは、二日後のクリスマスイブということになる。すごく楽しみだ。

エバーグリーン牧場の馬たち。

8 納屋風の小屋

ステファニーに連れられて、僕は自分が泊まる納屋風の小屋に向かった。母屋から庭の芝生を通って百メートルぐらい離れた場所にある、シンプルな木の小屋だ。入り口を入るとまず共通のキッチンがあり、そこから左右に部屋の扉が一つずつある。生木がむき出しの右側の部屋「バーン・ウッド・ルーム」に僕は通された。コンクリート打ちっぱなしのキッチンとは対照的に小上がりになったその空間は木の匂いがぷんぷんする。

「これがあなたの部屋。ベッドはどれを使ってもいいよ」

と言いながら二段ベッドとは別に、壁に畳まれているクイーンサイズのベッドを下ろして見せてくれた。この飛び出すからくりベッドを使えば、最大四人で泊まれるわけだ。だから僕にベッドを一つ予約するのか、それとも部屋全体を借りるのかと聞いてきたのだ。でも、この狭い部屋でいろいろな国から来た旅行者と相部屋で過ごすのは、元人見知りの僕にはまだハードルが高い。いびきや寝言もここまで至近距離だとやっぱり他の人が寝られないだろう。

僕が泊まる部屋と反対側にある、共有キッチンから入って左側の部屋は、宿泊客用に使うこともあるが、どちらかと言えば大工仕事などを手伝いに集まるボランティア用に用意されたものだ。二段ベッドが左右に並んでいて、こちらも最大四人が寝泊まりできる。この納屋風の小屋は、すべてだんなのサムエルが一人で建てたらしく、手作り感があふれている。

続いて小屋の裏側にあるトイレとシャワーに案内された。木の皮がむき出しのシャワールームは、一人がぎりぎり入れる広さだが、隣に小さな脱衣所も用意されているから体を洗うには十分だ。昼間に入ればボイラーのタンクが日光で温まり、ちょうどいいお湯が火を点けなくても浴びられるという。そして日が暮れれば薪をくべ、温水を用意する。薪はステファニーやサムエルが焚いてくれるらしい。昼間の太陽の熱だけで勝手に温水が出るというのは、究極のソーラーパワーシステムだ。確かにこの円筒状のボイラーに降り注ぐ太陽光は強烈で、周りにはそれを遮るものが何も見当たらない。

続いてトイレ。木戸を手前に引くと、エメラルドグリーンのペンキで着色された、取っ手のついた木製のふたが便器に載せてあった。それを持ち上げると、深さがだいたい一メートルぐらいの穴が掘ってあって、大も小もそこに落下するようになっている。当然ながら水洗ではない。

「おしっこはここでしてもいいけど、別にわざわざトイレでする必要はないわ。牧場のどこでも好きにしてちょうだい。それからうんちの後なんだけど、一つだけお願いがあるの。このバケツに入っている灰を上からかけておいてほしいの」

なるほど、温水用の薪が入浴後に灰になるから、それを消臭・消毒用に使い、最終的に灰とミックスされたうんちは土に帰るのだ。世界でさかんに叫ばれている「環境にやさしい循環型社会」が、この牧場では見事に実現されている。

「三時半頃になると思うけど食事ができたら呼びに来るわ。それまで散歩するなり本を読むなり休憩していて。牧場内はどこに入ってもいいし、歩き回っておいしい空気を吸うといいわ。ただし、たった一つだけ絶対守ってほしいルールがあるの」

ステファニーは僕が休めるようにと、ハンモックを木と木の間にかけながら言った。

「柵で仕切られている場所に出入りするときは、動物が抜け出さないように、かんぬきを必ずかけてほしいの。開けっぱなしはだめ。それ以外は何をしてもいいわ」

それだけ言うと、彼女は食事の支度をしに母屋に戻っていった。なるほど、広大に見える土地も、実はこまめに木の柵でスペースが仕切られていて、そこに動物たちが配置されているのだ。特に馬に関しては「今はここにいて餌を食べろ」とか、「次はあっちでお客さんの乗馬につきあってやれ」などと、都度待機するスペースが決まっている。どの場所にいるかで、自分が今やるべきことが理解できるようになっているらしい。そうは言っても、馬と羊以外の動物たち、例えば犬や猫やニワトリたちは体が小さいのでどんな柵もすり抜け放題だ。

僕はせっかくなので、小屋の裏でハンモックに横たわって持ってきた小説を読もうとした。だけどあまりに空が広く、おまけに冬の高原地帯は肌寒くて何だか落ち着かない。視界に入るものと言えば、斧や山積みにされた薪、タイヤがぺしゃんこにパンクした、トヨタのピックアップトラックが二台、それに緑色のトラクターが一台だ。そもそも落ち着きがない僕は、食事までの時間、うろうろと牧場を散歩することにした。濃い緑の芝生の上には、いろんな動物の大小織り交ざった糞が転がっている。これはすべて肥料として地面に帰るから、まったく汚いとは感じない。都会のコンクリートの上に転がっている糞と違って、尊ささえ感じてしまう。おまけになぜか匂いがしない。僕が知っている牛や馬がいる牧場は、とにかく糞の匂いが強い場所ばかりだが、ここはそういう心配がない。それは土地が広大なせいで、人口密度ならぬ動物密度が圧倒的に低いからかもしれない。

動物たちにもそれぞれ特徴があって、見ているだけで飽きない。犬たちは人を見つけたら、遊んでもらおうと上目づかいにいそいそと近づいてくる。食事前に手を汚すのが嫌な僕がそっけなくしていると、「せっかくものすごく人に慣れてあげているのに、誰も相手にしてくれないから寂しいわ」という顔をする。一匹があきらめていなくなると、他の犬が遊んでくれーと仰向けにお腹をさらしてくる。それから背中を僕の足にこすりつけてくるやつもいる。一方猫はみゃーみゃーと寄ってくるが、相手にしないとすぐ僕から離れて自由に歩き回ったかと思うと今度は、芝の上で面倒くさそうに眼を閉じてうずくまっている。餌をくれそうな人間かを品定めした上で、相手をしてあげると足元にくっついて暖を取る。その自分勝手さ加減が分かりやすくて潔い。

そうかと思うと、目の前をニワトリの集団がギャーギャー騒ぎながら、柵の囲いを完全に無視してあっちへ行っては地面をつつき、こっちへ行っては犬に追いかけられと騒がしい。なぜかその集団に、ちょっと泣きそうな顔をした七面鳥一羽が遅れがちにまぎれている。たぶん本人は自分がニワトリだと思っているに違いない。背筋というか首筋をぴんと伸ばし、目つきのするどい大柄の雄鶏が群れの中心にいつもいて、彼を筆頭主席としたこの群れは、この情けない顔の七面鳥を子分として従えている。泣きそうな七面鳥は、ニワトリに比べてただ少しだけ体が大きくて、鳴き声が微妙に違うだけだから、誰とどう群れようが自由なのだ。一人でいるよりこのほうが、犬や猫に追いかけられたときにきっと反撃しやすいのだろう。

広い敷地のたった一部だけれど、散歩を終えて部屋で荷をほどいていると、しばらくしてステファニーが「昼ごはんだよー」と知らせに来た。

この小さな部屋には最大4人が宿泊可能。

9 黒板とチョーク

エバーグリーン牧場にはゲストが泊まる小屋が二つしかない。僕が泊まる納屋風の小屋とは別に、ラバーニャとデイビッドが泊まる、「ザ・コテージ」がある。こちらは暖炉がついた立派なゲストハウスだ。つまり僕の他に宿泊客はラバーニャとデイビッドしかいないのだが、彼らは部屋で自炊しているらしい。だからオーナー家族と食事を共にするのは僕一人だ。夫婦や娘のシャヤンと一緒に食卓を囲むから、まるでホームステイみたいだ。ステファニー手作りのクレープ、村で手焼きされているトルティージャ（トウモロコシの生地を円盤状にして焼いたもの）、全粒紛のハードパンの中から主食を選び、細かく刻まれたフルーツや温野菜、それにフリホールと呼ばれる豆料理と一緒に食べる。そして僕のためにわざわざ鶏肉や豚肉を焼いてくれる。彼らは「ほぼ」菜食主義者らしく、事前にリクエストした僕のために肉や魚を仕入れてくれたのだ。「食事に肉料理を追加するならプラス五十ペソ（三百円）」とメールにあったのは、家族の食事とは別に、宿泊客用に一品追加で作るからだ。

朝からほとんど何も食べていなかった僕は、温かくて柔らかいトルティージャに、自家製のマイルドなチリソースを加え、グリルされた玉ねぎや、塩でシンプルに味付けされた鶏肉をのせてから、くるりと巻いてほおばった。食材は地元で生産されたものばかりだ。

村のことや家族のことをいろいろと聞きながら食事をしていると、彼らの生活がいたってシンプルなことに気づく。宿を世界中から訪れるゲストに提供し、乗馬を教える。時に馬で山へツアーに出かけ、希望があれば食事やワインを追加料金で提供する。牧場にいる動物たちに餌をやって育て、広大な敷地を限りなく自然に近い状態に維持する。父であり夫のサムエルは、アメリカで馬を扱う仕事以外に大工もしていたので、家を修理したり建てたりするのはお手の物みたいだ。

サン・イシドロ・チチウィスタン村の人口は二百七十名程度。平坦な道沿いや、そこから山へ続く坂道沿いに、木やレンガで造った家や小さな教会が点在している。住民の大半はマヤ系先住民で、母語であるツオツィル語（メキシコには先住民系の言語が六十以上あるらしい）とは別に、スペイン語を話す。そんな中、外国人家族が運営するこの牧場はかなり異質に映る。だけど村の住民の反感を買う白人系の入植者というイメージはなく、この家族の自然を愛する姿勢や、誠実な人柄が受け入れられているのだろう。ちょこちょこと地元の子供たちやおじさんたちが用事で敷地に勝手に入ってくるが、サムエルのことを親しみを込めて「ドン・サムエル」と敬称で呼ぶ。「ドン」は長老的存在の男性に使う、日本の古い言い方を借りれば「翁」みたいな呼び方だ。この小さな村で、ともに厳しくも美しい自然の中で生きる仲間としての連帯意識がはっきりと見てとれる。屋根の改修なんかで大工仕事を手伝ってもらって賃金を払ったりするから、この牧場から派生するささやかな経済効果も村人は享受する。そうしてしっかり土地に根付いて、もう七年ここでエバーグリーン牧場を運営しているのだ。

長女のゾエは最近高校に入ったが、それまでは娘二人を完全に家で教育した。数学、歴史、文学、地理、文字の書き方などすべてだ。学校には通わず、親が教える、いわゆる「ホームスクール」だ。僕の知り合いのドイツ人女性が、自宅で子供を教育したのを知っていたが、実際にそれを実践している家族に会うのは初めてだ。

「ゾエがどうしても学校に行きたいと言うので通わせてはいるけれど、私は今でも必要ないと思っているの」

とステファニーは言った。この牧場にいると、学校を卒業して企業に就職するという、多くの日本人が当たり前として考えるレールが、実は無限にある選択肢の中の一つでしかないことを思い知らされる。一方で、子供の教育をすべて自分でするというのは、学校文化に浸かって街に長く住んできた、僕のような人間には相当な覚悟がいるのも事実だ。同じ年頃の子供を持つ親としては、そもそも子供が持つ素朴な疑問に一つ一つ答えたり、義務教育で学ぶ内容をしっかり教えられるのかと言われればまったく自信がない。

母屋の外壁に黒板がかかっていた。大人の僕が両手を広げたぐらいの大きさだ。チョークで数字やアルファベットで何か書かれている。

「これ、子供たちに勉強教えるときに使っていたの？」

とステファニーにきいてみた。

「ええ、二人が小さいときはよく使ったわ。でも最近はあまり使わなくなったけれど」

どうやらこの黒板と、母屋の大きなテーブルが、ゾエやシャヤンにとっての勉強の場みたいだ。

ニワトリのボスと羊たち。

第3章

月夜に笑う馬

10 エクイテーション

いろいろな話をしながら、出された料理をすっかり平らげ、オプションで追加したスペイン産の赤ワインを飲みほした頃、ラバーニャとデイビッドのサンフランシスココンビが母屋の外で退屈そうに座っているのに気づいた。だんなのサムエルが言った。

「彼らあんたのこと待っているんだぜ。終わったらすぐに乗馬を始めるから用意してくれ」

この牧場のウリは何かというと乗馬だ。もちろん観光地のサン・クリストバルにあるホテルなら、近場で気軽に乗馬をアレンジしてくれるはずだ。だけどわざわざ多くの欧米人がここを訪れるのは、馬とのコミュニケーションの仕方から本格的に教われる珍しい場所だからだ。エクイテーション（馬術）というらしい。この宿に泊まるゲストは、先生がサムエル一人だから、基本的にみんなで同じアクティビティに参加することになっているみたいだ。

僕は部屋に一度戻って、ウォーターサーバーからペットボトルに水を満タンに注ぎ、顔や腕に日焼け止めを塗ると、デイビッドとラバーニャに合流すべく急いで外に出た。「喉がはれている間は薬を飲みながら、とにかく水をたくさん、できれば二リットルでも三リットルでも飲みな」と低音が魅力的なお医者さんに言われていたから、リュックにボトルを突っ込んだ。高原の日中は日差しがきついから、日焼け止めオイルをたっぷり塗ってブロックしなくてはならない。デイビッドとラバーニャは準備万端で、芝生の上でサムエルを囲むように立っていた。

馬にはいろいろな居場所が用意されている。でもたいていは囲いの中にいることが多い。一頭一頭がいる柵には、カラフルに手書きで名前がペイントされた名札がかかっている。でも字が読めない馬たちは、決められた場所にはこだわらず、他の馬の柵にお構いなしに入っている。だから、僕は十四頭の馬全部に「シラーズ」とか「ゼウス」などとしっかり名前がついているのに、どれが誰だか結局ほとんど覚えられなかった。その柵の隣に餌を食べるための小屋がある。その中には地面まで頭を下げないでも餌が食べられるように、ちょうど胸の高さあたりに餌箱が用意されている。

馬術教室の始まりは意外に地味で、餌やり用の馬小屋の脇にある小さな倉庫からスタートする。中にはトウモロコシの実がたっぷりと入った大きなずた袋が置いてある。その乾いた粒は、さっきサン・クリストバルで食べたトウモロコシと同じオレンジ色をしていた。サムエルは僕らの方に向き直り、石灰を溶かした水にその粒を浸す工程を説明した。あらかじめ白い手桶に入った水につけておいたトウモロコシは、袋の中の乾燥した粒と比べてやわらかくなっている。そしておもむろに水分を含んだ粒を地面に撒き始めた。僕ら三人も真似をして、渡されたミニ手桶からトウモロコシをつかんで地面に撒いた。すかさず待ち構えていたニワトリの一行が、ギャーギャー言いながら土ごとコッコッとついばみ始めた。サムエルはどうも田舎ライフど素人の僕らに、大地からとれた穀物をニワトリに還元し、糞が肥沃な土地を作るという一連の循環について説明したかったみたいだ。「無駄なものは何もないんだ」、そうサムエルは繰り返しながらニワトリたちに餌をばらまく。

次に向かったのは道具小屋だ。壁には手綱がかかっていて、棚には黒いヘルメットが七つ並んでいる。乗馬用のヘルメットで、つばの部分がほんの少し出っ張っている。生徒の僕ら三人は、それぞれ手綱とヘルメットを選んだ。僕の頭はどうやら他の二人より大きいみたいで、入るヘルメットが一つしかなかった。最初デイビッドがそれを手に取っていたのだけど、僕が持っているヘルメットに頭が入らないからと交換してもらった。横取りしたみたいになってしまったが、まあ、僕が三人の中で一番背が高いから納得してもらえるだろう。

道具小屋から出ると、次は自転車のサドルにあたる鞍だ。大きく分けて四種類ほどあって、分厚い革製のウェスタンスタイルから、レース用の馬に使われる薄い皮だけの調教鞍などだ。丸太で作った腰の高さぐらいの台にずらっと鞍が並べられていて、僕らは実物を見ながらサムエルの解説を受けた。そこで僕はそれまで観光地で乗馬したときに馬の背中に載っていた鞍が、畑仕事用の馬につけられるものだということを知った。そして今回僕らが主に使うのはウェスタン鞍みたいだ。

一通り道具の説明が終わると、この日パートナーとなる馬が一人一頭ずつ紹介された。僕のパートナーは「ネイライダ」という褐色の牝馬だ。デイビッドには「ジンジャー」、ラバーニャには「ペプシ」だ。

僕ら生徒三名は、それぞれ馬の頭部にかけるロープ――日本語では頭絡(とうらく)というらしい――のかけ方をサムエルから教わった。まず鼻面に輪っか上のロープをくぐらせ、後頭部にかけてから長さを調節する。軽くかけるだけで決して締め付けないのがポイントだ。馬は毎日のルーティンで慣れっこだから抵抗しない。

そして芝生の地面に置かれた黒いプラスチックの箱から、剣山みたいな硬い毛のブラシをそれぞれが手に取った。ブラッシングは、馬とコミュニケーションを取るための大切な時間だ。小さな頃柴犬を家で飼っていたけれど、もちろんブラッシングする面積は馬の方が途方もなく大きい。それにしてもネイライダの毛並みはつやつやと潤いがあって、大切に育てられてきたことがよく分かる。

そして馬の重い足を持ち上げて、蹄（ひづめ）の間に入った泥や石をかぎ型のピックで取り除く方法を教わった。馬の膝に当たる部分に自分の肘をあてがって、脚を曲げさせながら、足首をつかんで持ち上げるのだが結構力がいる。女性のラバーニャには相当に重いらしく、なかなかうまくいかないからサムエルが手伝った。そしていよいよ上に向いた足の裏には、たくさんの泥や小石がぎっしり詰まっていた。僕は馬が三本足で体重を支えてくれている間に、それらをできるだけ丁寧にピックで引っかきだした。

それまで観光地で馬に乗って散歩したことがあったので、僕は勝手に乗れる気になっていたし、ある程度馬のことは知っているつもりでいた。だけどサムエルからいろいろな説明を受け、馬とこうして触れ合っているうちに、実は知らないことだらけだということが分かった。例えば犬や猫の肉球みたいに柔らかい肉が、蹄の内側に隠れていることを初めて知った。サムエルの指導の元、馬に日本語で話しかけたのも初めてだし、ブラッシングしてあげると気持ち良さそうにする馬の表情も見たことがなかった。

そのたっぷりとした腹や、引き締まったあごの肉をブラッシングしながら、頭側に回ったり、しっぽ側に行ったりうろうろしていると、突然ネイライダに足の甲を踏まれた。彼女の左前足が僕の左足の甲に遠慮なく乗った。びっくりした。サムエルによると一頭の重さは六百キロだから、単純計算でその四分の一の百五十キロが足の甲に乗ることになる。でも踏まれた足を無理やり引き抜こうとしても、馬は簡単にはその足を上げてくれない。そもそも僕の足を自分が踏んでいることすら、ネイライダの意識にはないのかもしれない。幸い甲の部分が少し硬くなっているテニスシューズを履いていたからケガはしなかったが、急にブラッシングをやめた僕に気づいてサムエルが近づいてきた。

「踏まれたのかい」

サムエルはにやにやしながら言った。最初はブロークンながらスペイン語で話してくれていたが、この頃にはもっぱら彼の母国語である英語で会話するようになっていた。

「馬に近づき過ぎないように。常に手で馬を触りながら、踏まれないぐらいの距離は保って、自分がここにいるんだとスキンシップで伝える。それでも足を踏まれたら、軽くその手で馬の胴体を押せばどけてくれるさ」

馬との心の距離を縮めようと一所懸命話しかけたり、ときに耳元でささやいてみたりしていたが、物理的な距離は近いほどいいというわけではないみたいだ。さらにサムエルは馬のお尻側に回る時の注意事項も付け加えた。

「蹴られるのを怖がって距離を置きすぎると、逆に危ないぜ。万が一蹴られたときには、馬の後ろ脚に強い力が入る。だからいつも手のひらで背中や脚に触れて、自分の居場所を知らせながら、後ろに回るんだ。お尻の方にいたとしても手が触れられるほど近くにいれば、強烈な後ろ蹴りは食らわないで済む。逆に危ないのは、蹴った時に後ろ脚が伸びるぐらいの距離だ」

確かに至近距離にいれば、お尻側にいても蹴りようがないみたいだ。

結局僕は二度足を踏まれたが、二回目はそれほどびっくりせずに、馬のお腹を両手で押して丁重に足をどけていただいた。そんなふうにしてネイライダに丁寧にブラッシングしていると、だんだん僕が彼女に操られているような不思議な気持ちになってきた。それまでの僕にとって馬は、散歩に連れて行ってくれる動物ではあったけれど、決して心を通わせる相手ではなかった。でもブラシを頬骨やあごの下あたりに強く当ててごしごしと毛並みを整えていると、ネイライダは目を細めてうっとりする。立ったまま寝たんじゃないかと思うぐらいだ。それでたまに手を抜いて少しの間さぼっていたら、僕のシャツの袖口をくわえて強い力でぐいっと引っ張られた。それも一度や二度ではない。そのたびに僕は驚いてネイライダを振り返るが、ネイライダはわざと「私何もしていませんわよ」という顔でそっぽを向く。その様子を見ていたサムエルが、

「ネイライダみたいな年をとった馬は、どうやれば人間が自分の思い通りになるか全部知っているのさ」

と、またもにやにやしながら言った。馬に「手のひら」はないはずなのに、完全に手のひらの上で僕は転がされていた。

ベテラン牝馬、ネイライダ。

11 太陽のエネルギー

ひとまず馬たちを小屋に戻したら、今度はサムエルを先頭にして牧場のど真ん中を横切り、何度か柵のかんぬきを上げたり下ろしたり、柵の出入り口の丸太の間に体をくぐらせたりしながら、だだっ広い敷地を奥へ奥へと進んでいった。そこは緑以外に何もない原っぱだった。

「息を深く吸って、そして吐くんだ。地球のエネルギーを感じて」

ぼさぼさ頭のサムエルは風貌も話す内容も、ヒッピーをそのままおじさんにしたような人だ。僕ら生徒三人は彼に言われるがまま、靴を脱いだ。そして腕を大きく左右に開いて太陽に向かって胸を張り、深呼吸をした。普段草の上で裸足になることがないから、冷たくて、ちくちくとした草の先端を足の裏に感じて相当に気持ちよかった。

「太陽の光からエネルギーをもらって俺たちは生きている。植物や動物だってそうだ」

そう言いながら太陽の方を見るように僕らを促した。どうやらサムエルはこの場所で、生徒たちに自然の恵みについて話すのがお気に入りみたいだ。チアパスの高原の澄んだ空気の中で日光を遮るものは何もない。おまけに雲もほとんどなく、空は濃い青だ。まぶしいから額のあたりに手をかざしている僕らをしり目に、サムエルは太陽を見つめ始めた。

「裸眼で直接太陽を見るのも、慣れればできるようになる。やってごらん」

そんなこと言われたって、いくらやっても目は痛い。それから僕にはそうするメリットも理解できず、体に悪そうなので申し訳ないけどすぐにやめた。

「太陽はいろんなものを与えてくれる。草木は日光がなければ生きていけない。それから水。水と光だけでは俺たちは生きていけないが、恩恵ははかり知れない。みんなも水を飲むたびに『ありがとう』って言うんだ」

そうやって真面目に言われると、だんだん人も光合成で生きられればいいのに、と変な気持ちが芽生えてくる。サムエルは人工的なものに頼らないのが一番いいと真剣に考えているようだ。草原は森に囲まれているが、その森の向こうから太い電線が一本だけ、牧場のはるか上を横切って反対側の森に消えている。

「この電線が、残念だな」

サムエルが誰に言うともなく、つぶやいた。

この「自然に感謝し、人間も光合成して太陽と水だけで生きていきたいよね」的セッションを済ませ、もと来た馬小屋のほうへ戻る途中、スリランカ系アメリカ人のラバーニャが、どうしてこの牧場のことを知ったのかときいてきた。

「雑誌に載っていたんだ。すごく面白そうな場所に見えたけど、なかなかここまで家族と一緒に来るのは踏ん切りがつかなくてね。だからたまたま一人旅ができるこの連休で来てみたんだ」

そう僕がこの牧場にたどり着いたいきさつを説明した。この辺鄙なところにわざわざやって来る僕らには、必ず何か共通の志向性みたいなものがあるはずだ。

「私はね、知り合いや旅で知り合った友達が、この牧場がすごくいいよって教えてくれたの。それを聞いて、どうしても来たくなったの」

彼女は仕事を辞めて一年間、中南米を中心にゆっくり旅行をしている途中だと教えてくれた。時間はたっぷりあるから、多少アクセスが悪くてもこれぐらいの寄り道はお手の物なのだ。

その日の午後、二時間ほど続いたセッションで、僕らは少し馬にまたがるところまで教えてもらった。だけど馬に乗って走ることはなかった。その前に覚えなくてはならないことがたくさんあるのだ。牧場の中で自然とどう対峙するのか。まっ青な空の下サムエルを囲むように芝生の上であぐらをかいたまま、僕らは日が暮れ始め少し肌寒くなるまでイントロダクションを受けた。

サムエルは、いつも牧場の世話をせっせとしながら無口に動き回っているが、馬や自然のことを語りだすと突然饒舌になる。人を惹きつける迫力やユーモア満載の語り口も兼ね備えている。僕らはそんな師匠のエネルギーにいつの間にか引き込まれ、教えを請う「弟子」となる。ちなみに、特に男の場合はあだ名をつけて面白がる癖があるみたいだ。人の名前を記憶するのが苦手なのかと思ったが、よく考えてみれば馬は十四頭分しっかり名前を覚えなくてはならないのだから、毎日出たり入ったりする旅行者の名前なんて、そもそも覚える気がないのかもしれない。というわけで、ロシア系アメリカ人のデイビッドは「アインシュタイン」と名付けられた。髪がカールしていて、もさっとしているからみたいだが、実はサムエルのほうがアインシュタイン風のぼさぼさ髪をしている。

「あなたのほうがアインシュタインに似ていると思うんだけど」

とデイビッドはささやかに抵抗したが、まったくもって相手にされなかった。デイビッドがアインシュタインと呼ばれるのは、似ているか似ていないかの問題ではなく、覚えやすいかどうかの一点のみに起因しているようだ。だけど女子にあだ名は決してつかない。たぶんアメリカ育ちのジェントルマンであるサムエルは、男には小ばかにしたような呼び名をつけるくせに、女の子はしっかりと名前を覚えて呼ぶ。奥さんのステファニーによると、若い頃はずいぶんもてたらしいが、こんなところにもその片鱗は表れているのかもしれない。何しろハリウッドで俳優をしていたこともあるらしい。

「私と知り合うまでメキシコを転々としている間、ガールフレンドはいっぱいいたみたいよ。でもその話は私のいないところで聞いてね」

とステファニーがウィンクしながら冗談めかして言っていたのを思い出した。

そして僕はというと、サムエルから「シナジー」と名付けられた。これは僕の名前が「シンジ」だから分かりやすい。でもそこまで覚えてくれたんだったら、そのまま「シンジ」と発音してくれればいいのにと思うが、どうやら少しでも覚えやすいように変換しておく方が彼にとって都合がいいみたいだ。それから三日のうちに、いつの間にか僕の呼び名は「シニジ」に変わっていった。

馬とのコミュニケーションの方法を説明するサムエル。

12　月夜に笑う馬

初日のアクティビティが終わって、部屋に戻る途中、日が暮れる前にシャワーを浴びたいとステファニーに伝えたら、ボイラーに薪をくべお湯を沸かしてくれた。さすがに夕方になっていたから、日光の熱だけではお湯は出ないようだ。シャワールームは人ひとりがやっと入れるぐらいの小さなスペースだが、肌寒い気候には熱が逃げなくてちょうどいい。シャワーヘッドから出てくるお湯は熱く、霧のように細かく強く噴き出した。すぐにいっぱいに湯気が立ち込め、まるでサウナみたいになった。だけど、素朴な造りの木造シャワールームは、扉となる板一枚が頭の高さと膝の下ぐらいまでを隠すように脱衣場との間を仕切っているだけだ。だから冷気が上から下から入り込んでくる。急いで身体と頭を洗い流すと、バスタオルを頭からかぶって短パン、Tシャツ、ビーチサンダル姿で部屋に逃げるように駆け込んだ。

ジーンズと新しいシャツを着て、やっと僕が泊まる部屋でベッドに腰をかけ、落ち着くことができた。朝からずっと移動や乗馬セッションで動きっぱなしだったから、ほっとした。ふと携帯電話の画面を確かめた。母屋のＷｉＦｉはここまで届いていないし、電話も当然電波がない。

「デスコネクタールセ・デ・トド（すべてから接続を解除する）」

エバーグリーン牧場の楽しみ方を、ステファニーがこう表現していたのを思い出した。太陽の光をいっぱいに浴び、熱いシャワーですっきりした僕は、心地よい疲労を感じながら気分が少し高揚していた。

夕暮れ時、僕はもう一度母屋の方に出かけた。誰かとしゃべりたかったのだ。初日から牧場主のステファニー、サムエルの家族と出会い、馬乗りビギナーズクラブのデイビッドやラバーニャと、広い牧場の中をいっぱい歩いた。同じ体験をするから自然と連帯感が湧くのは、ビーチリゾートでの宿泊客同士の関係とは大きく違う。しばらくするとまんまとデイビッドとラバーニャに途中で会えた。そして彼らが泊まる小屋を見せてもらえることになった。二人が泊まるもう一つの宿、「ザ・コテージ」の中は、僕が泊まる納屋風の小屋より、かなりしっかりした造りで広かった。玄関を入ると左側に暖炉があり、薪をくべて暖を取ることができる。部屋の奥には専用のキッチンがあって、自炊している二人はいくつもの調味料をそこに並べていた。
しばらくするとサムエルが薪を何本か持ってきて、マッチを使って火を点けた。じわじわと木に燃え広がっていった。炎がぱちぱちと音を立てながらゆっくりと広がり、煙はその上部にある煙突に吸いこまれていく。日が暮れてすっかり肌寒くなってきたチアパスの高原で、僕ら馬乗り初心者三人は、サムエルが静かに語る「火」についてのうんちく話に耳を傾けながら、暖炉の周りに集まってじっと火を見つめていた。美しく暖かい炎がそこにあった。

クリスマスを間近に控えているはずなのに、村には華やかな祭りの雰囲気はない。だけど教会では連日ミサだけはしっかり行われている。この村で唯一辟易したのは、夕方六時頃から牧師が村人たちに大音量のマイクで説教をがなりたてていたことだ。聞きたくなくてもあまりに音が大きく、その夜、サムエルやステファニーたちと母屋で夕食をとっている間も、無理やり耳に怒鳴り声が入りこんでくる。牧師は自分の言葉に酔いしれているようだが、どうやら内容はすごく単純みたいだ。

「お酒を飲みすぎちゃあいかんぜ、君たち」

「奥さん以外の女に手を出しちゃならんぜ、君たち」

聖書の中の話を交じえながら、延々と泣き叫ぶように繰り返し説いている。このあたりの村では、酔っ払いのおじさんが女の子に悪さをする事件がよく起きるのかもしれない。

「これって洗脳だよね。スピーカーで大きな音を出して」

サムエルは、話の内容よりも、マイクやスピーカーのような文明の利器を使って音を増幅させる宣教師のやり方が気に入らないみたいだ。

でも、そんな騒がしい長時間ミサも、午後八時を前にして突如静まる。僕はカラフルな野菜中心のディナーを、ステファニー、サムエル、シャヤンとおしゃべりしながら楽しんだ。そして翌日の朝食の時間を確認して母屋を後にした。夜の牧場の照明と言えば、母屋とゲストハウスから漏れる黄色い電灯の光以外なく、月明かりはまぶしいぐらい強い。大気汚染もなく乾燥した空気は光を遮らず、オリオン座やら何やら、星のことはまったく詳しくないけれどワサワサと見える。食事を終えた僕は、自分の泊まる小屋に戻るために、芝生の大地を横切る数分間、明るい夜空と母屋の窓からかすかに漏れる光に見とれ、立ち止まっていた。

板を組み合わせてできた、我が納屋風の小屋には暖房なんか当然なくて、とにかく部屋の中は寒い。さっきのデイビッドたちの暖炉付きの小屋とは、ギャップが激しい。僕は二段ベッドに畳んで置いてあった毛布をあるだけ重ねることにした。結局下側のベッドで寝ることにしたけれど、使わない上の方からも毛布を集めると全部で四枚になった。早速その中に潜り込むと、体は確かに温かいが、逆に毛布から出ている顔は肌がひきつるほど寒い。だから目だけ出して鼻まで毛布をかぶり、息が外に出ないようゆっくり呼吸することにした。

電気を消すと小さな窓の向こうに、さっきまで家族と団らんしていた母屋からの黄色い光が見える。小屋と母屋の間には、麻ひもで編んだ手作りのバレーボール用ネットがある。外は星と月の光で明るく、電気を消すと部屋の中の方がかえって暗い。そうそう、求めていたのはこの感じ、人工的なものを極力排除した場所で、インターネットや便利な電化製品のない中、空を見、ただ息を吸って吐く。こんなシンプルな時間の過ごし方こそ、ぜいたくと言えるのかもしれない。そして世界中から「この感じ」を求めて、たった二つしかない宿泊用の小屋をめぐり、エバーグリーン牧場には競い合うように予約の依頼が入るのだ。

ところで恥ずかしい話だが、この宿で過ごす初めての夜、真夜中に小便に起きた。医者に風邪のひき始めだから水を大量に飲めと言われ、ひたすら飲み続けたせいかもしれない。外は月の光で明るいから、真夜中でも電灯はいらない。逆に暗いのは閉鎖空間のシャワールームやトイレのほうだ。というわけで、僕はステファニーの「どこでおしっこしてもいいよ」というありがたい言葉に甘えて、泊まっている小屋の外のくさむらで立ち小便できる場所を探した。トイレで済ませてもいいのだが、こんな広大な土地で、狭く暗い空間に入ってするのは、男に生まれた以上もったいないとも言える。トイレで小便をすると、そこに集中して汚物をためてしまうので、かえって不衛生な気もしていた。だから昼間にも外で用を足そうとしたのだけれど、あまりにも見事な平地には、完全に腰から下が隠れる草むらが見当たらなかった。もし誰かと目が合ったら、お互い相当気まずいだろうと考えて遠慮していたのだ。

その夜の何十年ぶりかの立ち小便は、開放感とは裏腹に、誰かに見られたらどうしようという不安のほうが勝っていた。そして誰かがやっぱり見ていた。僕が迷った末に選んだ草かげのすぐ脇には、昼間あまり気にしていなかったが馬小屋があり、生き物の気配を感じたのだ。そこにはなぜか起きている馬が木枠の上から顔をのぞかせていた。

「ちょっとごめんねえ」と言いながら用を足す僕の顔を、その茶色の馬は、何度も小屋の中を行ったり来たりし、たまに柵の上に顔をのせながらうれしそうに見ていた。夜に一人、いや一頭きりで隔離されてさびしい中、人間がひょっこり現れたその夜。なんだか無害そうなやつだと思ったら、おしっこをし始めた。まあいいや、暇だし。そんな好奇心にあふれた表情が月明かりに照らされていた。昼間のセッションでは見なかった馬だから、まだ馬術教室にはデビューさせてもらえていない若い馬なのかもしれない。空を見上げると都会の常夜灯よりずっと明るい月が光っていた。

月の明かりと母屋。

13　ひづめと犬の関係

翌朝の目覚めは快適だった。喉の痛みは薬がきいたのか、ほぼ感じなくなっていた。ひどくなったときにと抗生剤をもらっていたが、今回は使わないで済みそうだ。「とにかく水をたくさん飲みなさい」と言われたとおり、僕はずっとペットボトルを携帯し、馬術アクティビティの間も、ひたすらこまめに水を飲み続けていた。

パジャマを脱ぎ、ジーンズとTシャツ、その上に厚手のトレーナーを着こむと、小屋を出てシャワールームの外にある洗面台で顔を洗った。水は冷たく一気に目が覚める。リュックに水とカメラを入れたら、僕は部屋を出てステファニーたちのいる母屋に向かった。母屋の外には、いつも六人掛けのテーブルと椅子のセットが据え付けてある。犬たちは我が物顔でテーブルの上に寝そべっている。入り口の左脇には細長い木のベンチがあって、猫たちはその上に陣取り、隙があれば中に入ろうと狙っている。足元の猫が入ってこないように気を付けながら、母屋の扉を開けるとステファニーが迎えてくれた。相変わらずのにっかり笑顔だ。

「眠れた？　寒くなかった？」

いや、それはもう寒かったですと、僕は正直に言った。

「部屋にある毛布を全部かぶって、あんまり顔が寒いから目から上だけ出して寝たよ。あの部屋の隣のキッチン、窓ガラス何でないの？」

それを聞いてステファニーは、くすくす笑った。

「それはサムエルにきいてね。まだつけてないけれど、いずれつけると思うよ」

いや、できれば今すぐにでもつけてほしいなあと思いながら、まあ面白いからいいことにした。

「ところで朝ごはんは何がいい？　フルーツ、ヨーグルトは出すけど、全粒粉のパンにトマトと玉ねぎと卵をのせてもいいし、クレープも作れる。手焼きの出来立てトルティージャもあるよ」

メキシコの果て、隣国のグアテマラにほど近いこの場所で、フランス人の女将が出す朝食は、素材の味を最大限に活かして食べる果物と野菜が中心のスタイルだった。でも決してフランス風に偏っているわけではない。メキシコ料理に欠かせない豆を煮たフリホール も出てくる。できればあまり食べたことがないものを食べようと、その朝僕はクレープを お願いした。日本でよく知られている、もっちりとした生地感だけは同じだが、砂糖で甘 くしたものではなく、どちらかと言えば薄い塩味がする。チョコレートやジャムではなく、 食卓に並んだ野菜や豆のおかずをのせて、巻いて食べるための生地で、パンやご飯の代わ りにするのだ。ステファニーは「わかった」というと、あっという間にフライパンで生地 を焼いて僕の目の前に置いた。トマトや玉ねぎをその上に置き、鶏肉とフリホルものせて ほおばった。見た目から想像していたよりずっとしっとりとして柔らかく、一口で気に 入ってしまった。さらにステファニーはコーヒーをいつの間にか用意してくれていた。豆 は地元のサン・クリストバル産で、コーヒーミルで直前に挽いたみたいだ。僕は決して コーヒーに詳しいわけではないけれど、チアパス州でとれるコーヒーは酸味が強いのが特 徴だと聞いていた。でも、その淹れたてのコーヒーは、酸味より、深く香ばしい香りが 勝っていて、飲むと思わずため息が出た。

テーブルの上で犬のスクービーたちは日なたぼっこ。

その日、僕以外に馬術セッションに参加したのは四人だ。初日から一緒のラバーニャやデイビッドのサンフランシスコ組に加え、新しくスウェーデン人の若いカップルが日帰りで加わった。

「シンジ、今日のメンバーは全員英語をペラペラ話すから、分からなかったらちゃんと会話を止めて聞くのよ、黙っていたらだめ」

食卓を離れ母屋を出ようとする僕に、ステファニーが念を押した。僕と同い年か、もしかしたら少し下のはずなのにまるでお母さんみたいだ。「分かった、ありがとう」と伝えてグループに加わった。

初日にステファニーから聞いた通り、この牧場の噂は欧米の旅行者たちの間で静かに、でも確実に広がっているようだ。その日新加入したスウェーデン人の男のほうは、早速サムエルによって「アクセル」というあだ名がついた。どうやら金髪で肩のあたりまで髪を伸ばした姿を見て、ガンズ・アンド・ローゼズのボーカリスト、アクセル・ローズを思い出したみたいだ。元祖のロック歌手より小ぎれいで、少しワイルド感は足りないが、言われてみれば似ている。小柄なスウェーデン製「アクセル」はずっとつばのついた黒いテンガロンハットをかぶっていた。彼は家屋の塗装を生業にしているが、三か月も連続で休みが取れたので、メキシコからグアテマラをめぐって旅をしている途中だという。一年のうちの四分の一が連休なんて、日本の小学校の夏休みでさえ一カ月なのだからうらやましいと思う一方で、休暇が終わってからの社会復帰はさぞ大変だろうなと心配になった。一緒に参加したガールフレンドのアンナは北欧系金髪美形だが、やはり女子のため、サムエルからあだ名はつかなかった。そして二人そろって小柄でかわいい。

この新入りの二人——と言っても僕も前日に着いたばかりだけど——がまだ「自然と触れ合うイントロダクション」を経験していないので、サムエル師匠はまたしても乾いたトウモロコシをばらばらと乱暴に地面にばらまく「ニワトリセッション」からスタートした。けたたましく騒ぎながら地面をつつくニワトリのくちばしを目で追いながら、一通り餌がどう自然の中で循環しているかについて、サムエルの説明に皆で耳を傾けた。

そしてそれぞれの生徒が、馬小屋から各自のパートナーをゆっくり牧場の中央まで連れ出した。柵から馬を出すときは、必ず自分が先に出て、その後で馬を外へ誘導しなくてはならない。そうしないと人間と馬が並んで木枠に挟まれ、けがをするかもしれないからだ。僕らはそんなサムエルの言葉に忠実に従いながら、草原の真ん中に何本も立った木柱に手綱をつないだ。馬の鼻面にロープをかける方法から、背中に乗せる鞍の解説まで、その日もサムエルの説明は丁寧で熱を帯びていた。

「馬にはやさしく話しかけろ。あんたらが言っている言葉が日本語だろうが、英語だろうが、スウェーデン語だろうが関係ない。何語で話しても、声のトーンで人間の思っていることを馬は敏感に感じ取る。これは本当だ。だから信頼関係を作るために、ちゃんと声を出して話しかけるのが一番大切だ」

そう言いながら、サムエルはブラッシングや足の裏の掃除をする教え子の僕らを、順番に手伝って回った。膝の関節を曲げさせて、馬の足の裏の土や小石をピックでかき出す作業は、相変わらず結構な力が必要だ。

ところでその日、僕は馬の「蹄（ひづめ）」が人間でいう「爪」にあたるものなのだとあらためて思い知った。サムエルがおもむろに鎌のような道具で、蹄を一センチほどの厚さ分そぎ落としたのだ。そのスライスされた白い蹄の一部は、人間が爪切りでパチリと切るのとは規模が違う。蹄は僕の手のひらより少し大きいぐらいで、見ていると骨が切り出されているようで相当痛いんじゃないかとさえ思ってしまう。その大きな蹄のスライスが地面にぼとりと落ちた瞬間、待ち構えていたのは二匹の犬だった。彼らは競い合うようにそれをがつがつとかじり始めた。

「こいつらの好物なんだよ」

サムエルは何でもないことのように言った。

ブラッシングなどで馬とのコミュニケーションを一通りこなすのは、昨日と同じルーティンだ。硬い毛のブラシで体中をこすると、馬は気持ちよさそうに目を細める。ブラシを持っていない左手でお腹をなでていると、小さな突起に指が触れることがある。「いぼ」みたいなものだろうと思ってサムエルにきくと、「これはダニだ」と返事が返ってきた。馬に巣くう吸血鬼は丸まると太っていて、その腹の部分が指に当たっているのだ。取ろうと思えば、あまり指に力を入れなくてもポロリと取れる。だけど、これを地面に捨ててはいけない。

「この虫は結構危険なんだ。なにせ完全に踏みつぶさなければ、草の間をはいつくばって、また他の馬に吸い付くんだぜ。だからあんたらは見つけてもそのままにしておいてくれ。地面に捨てずにバケツに入れておかないと後で厄介だからな」

サムエルはそう言って、馬の腹からダニをぽろぽろとはがし、もう片方の手に持ったブリキ製バケツにポトリポトリと落としていった。

イントロダクションの後半は、昨日と同じルートを通って、母屋から離れた草原地帯まで歩いていく。五分ぐらい歩くが、この歩いている時間は、実は生徒同士のコミュニケーションの場となる。前日にラバーニャと会話したのもこの草っぱらを横断している間だった。僕はスウェーデン人のアンナの近くを歩いていたので、馬に乗ったことはあるのかと聞いてみた。

「スウェーデンでも馬に乗ったことはあるよ。でも、それは子供の頃のことで、ただ馬の背中に乗って手綱をひいてもらって公園を散歩しただけ。こんな風に教えてくれる場所はなかなかないのよ」

彼女も僕も、馬に乗ったことはあるけれど、実は馬のことをあまり知らないという点では大して変わらない。

猫たちは母屋の外で、いつも中に入るタイミングをうかがっている。

14 ぬかるみの温度

草原の真ん中まで来ると、サムエルは僕ら五人に車座になって座るように言った。いつの間にか目の前にやってきた犬をつかまえて、首のあたりをなでている。そしてこの日も太陽の光が植物を光合成させ、それを動物が食べて命が循環していくだとか、水の大切さについての説明を一通り聞いた。そして太陽を見ながら裸足になり、足を肩幅に開いて空気を思い切り肺に入れる。「馬に乗りに来ているんだから馬に乗せてよ」と文句を言う人はいない。たぶんここを訪れる旅行者は、こんな説明に精神的な満足を得るのだろう。実は僕もそのうちの一人だ。ライオンのように猛々しく広がったグレーの髪のサムエルがこの話をするとき、僕らはその静かで自信に満ちた語り口に、ただ納得させられるだけだ。

でもこの日は、これだけで終わらなかった。

「馬に乗るときは、上にいる人間の体重移動がとても大切だ。馬と人が別々の方向に体を進めようとしたらどうなると思う？　馬にとって大きな負担になるんだ」

そう言うとサムエルは、手綱を持って馬に乗る真似をしながら、原っぱの脇にある小さな沼地に向かって歩き出した。その水たまりのような沼には、少しだけ水があるように見えるが、どちらかと言えばほとんどが泥だ。二つに分かれた沼の真ん中には細い道が通っていて、茶色の馬が四頭、雑草を食べていた。

「上にいる人間が進む方向を頭の中でイメージし、それに馬が従って進むのが理想だ。でも、馬が地面を踏んでいるとき、人間にはそこに石や草がどれぐらいあるか分からない。もちろんここにあるような泥の中を馬が歩いたとしても、それがどんな負担か人間は感じることができないんだ」

そう言うと、サムエルは泥の中にずぼずぼと足を突っ込み始めた。僕らにもズボンを膝上までまくり上げ、裸足のままついてくるようにと促した。列になり、わざわざ泥の中に入っていく生徒五人組の最後尾にいた僕も、仕方なく足を入れた。小さい頃、水田のぬかるみに足を入れたことがあったように覚えているが、そのときの感覚に似ている。ただし今回はもっと深いところまで足がじわじわと沈んでいく。歩くというよりは、足を深みにとられないようにバランスを取りながら、次へ次へと足を引っこ抜いて進むと言った方が近い。ぬかるみはふくらはぎのなかほどまで達し、ひんやりを通り越して結構冷たい。最初は泥にまみれるのが嫌だったはずなのに、だんだんそのぬるぬるを気持ちよく感じるようになっていくから不思議だ。

「分かったかい。泥があっても馬は平気で歩くように見えるが、実際は今のあんたたちと同じで、バランスはとりづらいんだ。だから上にいる人間は、それを承知のうえでうまく体重を移動させないといけない」

かなり上級者にならない限り、泥の中を馬に乗って歩くことはないだろうが、僕にはそれよりも何よりも、真面目にこの「泥ぬるぬるセッション」を受けているみんなの様子がおかしくて仕方なかった。彼らは、僕もそうだけど、泥に素足で入ることなんて生まれてこの方そんなに経験したことはないだろうし、そこから出た後、軽く手で泥を払っただけの汚れた足を、靴下に突っ込んだこともないに違いない。日帰りで来ていたスウェーデンの二人は、どろどろの足のまま、宿があるサン・クリストバルまでタクシーに乗って帰るだろう。そんなことお構いなしにサムエルは、芝生に戻った僕らに向かって熱弁をふるっていた。その間僕らは――特にスウェーデンのアンナは――ずっと泥を一所懸命手で落とし続けていた。この牧場に泊まっている僕やデイビッドやラバーニャは、部屋に帰れば着替えもできるしシャワーも浴びられる。だけど日帰りで馬に乗りに来たアクセルやアンナは、まさか靴下の替えを用意するなんて思いもつかなかったはずだ。そしてこんな体験こそ、サンフランシスコやスウェーデンで面白おかしく語られるに違いない。

それから僕らはまた馬のつながれた元の場所までゆっくりと歩いて戻り、一人ずつ馬の背中に乗る練習をした。その白い牝馬は「ダッチェス」という名前で、初心者にも我慢強く付き合ってくれる優等生だ。順番に飛び乗る人のために、両手のひらで踏み台を作って体を持ち上げたり、逆に持ち上げられたりして、馬の背中にまたがった。僕は一番体重が重そうなデイビッドの踏み台になって体を持ち上げたので、あらためて馬にかかる負荷が結構なものだと感心した。そしてダッチェスに話しかけながら、馬場を一周ゆっくり歩いたり止まったりの練習を順番にした。

だけどダッチェスはなかなか言うことを聞いてくれない。歩き出すには、馬の腹を両方のかかとで挟むことで合図をする。それと同時に唇をすぼめて息を鋭く吸い込み、チュチュというういわゆるキッシング・ノイズを出す。そして腰を使って前に軽く体重を移動しながら「ウォーク（歩け）」と叫ぶのがオーソドックスな方法だ。僕は日本人だから、なんだか「ウォーク」と英語で合図を出すのが恥ずかしくて、「いくよ」とか「歩け」とか和訳してみたけれど、そもそもそんな合図を聞いたことがない馬は、困ったような顔で目をぱちくりさせるだけだった。「何語でも通じるって言ったじゃないか」と内心サムエルを恨んだが、どうもそれはブラッシングで愛情表現をするときだけに有効だったみたいだ。気を取り直して再度合図を「ウォーク」に戻してようやく歩き出したダッチェスに乗り、手綱を操作しながらゆっくりと草原を一周するはずだったが、そんなにはうまくいかない。途中に用意された水桶のところで足を止めると、ダッチェスはしゃばしゃばと水を飲み始めた。最初は喉が渇いているんだなと大目に見ていたが、これがなかなか終わらない。息継ぎで少し顔をあげた隙に手綱を引いて、頭を上げさせようとするが、またしても飲み始めるのだ。どうも僕の言うことは全く届いていないみたいだ。あまりに長い間立ち往生している僕を見て、サムエルが助っ人に来てくれた。

「水を飲む隙を与える必要はない。十分飲んでいるからね」

サムエルは馬のお腹を両手で触りながら、やさしくダッチェスに話しかけたかと思うと、ぐいっと力を込めて手綱をひっぱり上げ、僕が進もうとしていた方向に馬の顔を向けさせた。僕は他の観光地で馬に乗ったとき、必ず先導する馬のオーナーや世話係の子供がいたことを思い出した。要するにガイドがいないと、馬を走り出させるすべも知らなかったのだ。サムエルが誘導して、ようやくダッチェスは面倒くさそうにまた歩き出した。どうやら水を飲んでいたのも、喉が渇いていたからではなく、ただ僕をのせてだらだらと歩くのが嫌だっただけなのかもしれない。

泥に足をとられながら進む一団。

第4章

山と電波とラブレター

15　チアパスの深い森へ

午前の部が終わると、昼食の時間だ。生徒みんなで母屋に行き、ステファニーの手料理をごちそうになった。サムエルとシャヤンも一緒でにぎやかだ。骨付きの豚のあばら肉が出てきたから、体を動かしてお腹が減っていた僕にはたまらない。マッシュポテトのサラダもボールに入ってテーブルの真ん中に置かれている。そして彼女の料理には必ず細かく刻んだ紫の玉ねぎと、真っ赤なトマトを小さくキューブ状に切ったものが出てくるので、とにかく色が鮮やかだ。食後は外に出て、ウッドデッキでコーヒーを飲みながらみんなで休憩した。

サムエルはテーブルに腰掛ける僕らの脇で、立ったまま煙草を吸い、メキシコで体験したいろんな冒険について派手なジェスチャーを交えておしゃべりを始めた。

「バンジージャンプやったことある人いるかい」

その場に経験者は誰もいなかった。僕らは意外におとなしいのだ。

「初めてカンクンの海でバンジージャンプをやったときは、本当にビビったよ」

普段は怖いものなんか何にもないという顔をしているのに、ジャンプ寸前のハラハラ感が伝わってくる。

「台の上に立った俺は、本当にここから飛ぶのか、おいちょっと待て、何をするんだ、とかわめいている間に、インストラクターに背中を押されて、気づいたら水面めがけてダイブしていたんだ。目の前に水が迫ったかと思ったら上に引っ張られてさ」

水面ギリギリまで顔が近づいた瞬間を語るとき、サムエルは目を大きく見開いた。彼の話し方はいつも臨場感にあふれていて、はらはらさせられるが笑いも絶えない。風貌からして、いろいろなところを身一つで冒険してきたのが伝わってくるから、若僧の僕らはにやにやしながらつい話に引き込まれてしまう。

「それからは病みつきさ。もういろんなところで十三、四回は飛んだかな」

にやりとしながらサムエルは、短くなった煙草をもう一度ふかした。

昼の休憩が終わると、サムエルから生徒の僕ら五人に提案があった。

「ここからはオプションだけど、行きたい人は馬で森をめぐるツアーに連れて行く。一人あたり五百ペソ（三千円）だけど、どうする？」

どうするもこうするも、みんな大賛成だ。僕なんかむしろこのツアーを一番楽しみにしてやってきたようなものなのだ。そうしてすっかりサムエルの弟子になったラバーニャ、デイビッド、僕、アクセル、アンナの五人は、先頭のサムエルについて山へ向かって歩き始めた。

「馬たちは牧場で走るのが本当はあんまり好きじゃない。とにかく山で自由に走るのが大好きなんだ」

サムエルは馬術レッスンの間、何度もそう言っていた。彼によると牧場の馬場を歩いている間、馬は仕方なく「仕事をこなしている」のだという。だけど山へ入ることは、その退屈な奉仕とは対照的に、馬たちへのご褒美となるらしい。馬たちにとっては牧場の敷地内が、サラリーマンでいうところの「職場」や「事務所」みたいなもので、森の中は窮屈な空間から解き放たれ、景色の良い郊外へドライブにでも来ている感覚に近いのかもしれない。今回選ばれた六頭の馬は、サムエルの乗る馬を先頭に、森へ向かって何の迷いもなく一列になってゆっくりと歩き始めた。

牧場を出て十分も行くと、木の生い茂るチアパスの深い森へと入っていった。でもいったん山に入ると、これまで他の観光地で体験した、馬が勝手に決まったコースをゆっくり歩く、ホースバックライディングとは全く違うことに気づいた。森の中には獣道があるにはあるが、どちらかというと馬がギリギリ歩けるぐらいの狭さだ。生い茂った木の間を縫って歩くと表現した方が近い。おまけに結構なスピードで進む。サムエルが先頭で、次にラバーニャ、デイビッドのサンフランシスコ組、日本から来た僕、そしてスウェーデンの二人が続く。六頭の馬はとりつかれたみたいに、木の間をすり抜け、草や枯れ葉を踏みながら無心に前進する。それまでと打って変わって、楽しそうなのが目を見ているとはっきり分かる。

蹄がざっざっと枯れ葉を踏みつける乾いた音や風の音を聞きながら、その日もパートナーになったネイライダの背中に僕は夢中でしがみついた。枯れ木がぱきぱきと割れる音の中、ぐねぐねと曲がるルートをたどっていると、いつの間にか先頭のサムエルの姿は見えなくなっていた。僕はすぐ前のデイビッドと、そのパートナーのキンビーという黒い牝馬の後ろを必死に追いかけた。いくらヘルメットをしているとは言え、起伏の激しい山で、馬の高い背中に乗っている無防備さはシンプルに怖い。体のバランスを崩しそうになり、ひやっとする瞬間が何度もあった。

前の馬と距離が開くと、ネイライダは追いつこうとして突然走り出す。坂を下りるときも急にスピードを上げる。森の獣道を下るときは、馬の背中と僕の座高の高さと山の傾斜のおかげで、地面との落差が大きい。坂を下るたびに必死に馬の背中につかまっていないと、落ちてけがをするのは容易に想像できた。道は狭く、顔の高さに何度も木の枝が迫ってくる。朝の訓練で、枝が目の前に現れた時、馬の背中にどう伏せて避けるのか、というかなり実践的な方法を教わっていた。この練習を事前にしていなかったら、僕の顔は今頃枝に削られ、そのまま落馬していたんじゃないかとサムエル師匠に心から感謝した。

その一方で、平坦な道をゆっくり歩いているときには、油断していると突然立ち止まり、地面の草をむしって食べ始めたりする。一度これが始まると、結構力を込めて手綱を引っ張り上げ、「ウォーク」と大声で合図しないと、いつまでたっても草を食べ続ける。人間だったら両手で引っこ抜くのにも一苦労しそうな、地面に固くはりついた草も、彼らは草食動物特有の平たい歯で簡単にむしり取る。その時に鳴る鈍く大きな「ぶちぶち」という低音は、少し不気味なぐらいだ。馬のあごや頬についた立派な筋肉が、どんな草でもちぎりとり、咀嚼できるようにできていることがよく分かる。

森の中を歩いたり、走ったりしている途中、二度にわたって、僕の後ろについてきているはずのスウェーデン二人組の姿が見えなくなった。前も後ろも木だらけで、くねくねと森の中を突き進んでいくから、必死で前についていかないと簡単においていかれてしまうのだ。

「デイビッド、後ろがついてきていないんだ」

大声で知らせる僕の言葉を受けて、クールに装っているが、実は結構余裕がないはずのデイビッドが、何とか先頭のサムエルに知らせてくれた。一度目は少し進むスピードを緩めてくれたので、アクセルが後からついてくるのを見届けることができた。でも二回目になると、サムエルは後ろの二人を待とうとしなかった。でも、後でなぜ止まらなかったかを知った。森の中のこの細い獣道は、実はループ状になっていて、自然と元の場所に戻れるようになっていたのだ。

途中で馬が言うことを聞かなくなって、木の株がある少し開けた広場で馬に乗ったままじっと待っていたアクセルとアンナのところに、サムエル、ラバーニャ、デイビッド、そして僕の四人は無事合流した。二頭とも夢中で草を食べている間に、とうとう人間の言うことが聞こえなくなったみたいだ。そして二人も「まあいっか、なんかこのツアー、ハー

ド そうだし」などとスウェーデン語でこっそり話し合い、ひたすら馬の上で待つことに決めたようだった。

スリルと胸のすくような爽快さを同時に味わった、この森の中の乗馬ツアーは結局一時間半ほど続いた。日は傾き始めていた。山から牧場に戻る砂利道で、馬から降り、歩きながら手綱を引くサムエルが、僕らにぼそりと言った。

「乗馬は数をこなさないと一人前にはなれない。そうだな、まずは百回だ。その間にたぶん三回か四回は落馬するはずだ。そうやってうまくなっていくんだ」

確かに百回馬に乗るのは楽しいだろうけれど、馬から落ちるのはごめんだと、その日の森の中の様子を思い出しながら僕はつくづく思った。本当に落ちたら松の枝が背中に刺さり、きっと痛くて動けなくなるに決まっている。もしかしたら、後ろから来た馬に踏んづけられるかもしれない。でも、そんなリスクも含めて、パートナーのネイライダと共に森の中で過ごしたひとときは、相手がどう思っているかはさておき、ずいぶん素敵な体験だった。チアパスの美しい原生林の中を、馬の背中に乗って駆け巡るなんてなかなかできるものではない。

一日のセッションのすべてが終わり、スウェーデンから来た二人は、宿があるサン・クリストバルまで戻っていった。きっとエバーグリーンの噂は、彼らがこれから訪れる旅の先々で、じわじわと広がっていくに違いない。

ラバーニャとデイビッドが自分たちの部屋に戻り、僕も一度小屋に戻ってシャワーを浴びた。今回はサムエルが薪を割って焚いてくれた。夕方の冷気の中で、熱い湯気が小さな空間いっぱいに立ち込めた。もちろん、沼地で足にこびりついた泥もすっかり落とすことができた。

小屋の共有キッチン。

着替えを済ませ、母屋に顔を出した僕に、ステファニーが今日のセッションはどうだったかときいてきたので、山の中も泥の中も面白かったと答えた。

「泥の中に入っていったの？　そりゃクレイジーだわ」

彼女はあきれたようにため息をついて苦笑いした。僕は「確かにクレイジーではあるけれど、面白かったんだ」とあらためてサムエルを弁護した。サムエルがどうやって教えているか、ステファニーは細部までは把握していないようだ。

その日の晩御飯から、ステファニーのお母さんのクリスティーナと、彼女をサン・クリストバルまで迎えに行っていた長女のゾエも合流した。ゾエは黒髪で目がくりっとした愛らしい女の子だった。十六歳で自立した大人の意志の強さと、あどけない子供の表情が同居している。もちろん英語、フランス語、スペイン語がペラペラだから、僕とはスペイン

16　フランスのおかあさん

語で話した。それにしてもここの娘二人は、小さな頃からいろいろな国の人と接して育ったせいか、誰が泊まりに来ても物怖じしないし、誰が話しかけてもフレンドリーかつ丁寧に受け答えする。そして自宅で両親から受けた教育や、牧場の環境のおかげで、ティーンエイジャーにありがちな田舎を嫌う態度は全くなく、逆に自然を敬う姿勢が伝わってくる。

ゾエのおばあちゃんにあたるクリスティーナおばさんは、はるばるフランスのリヨンから娘夫婦や孫たちに会いに来ている。フランス語しか話せないので、僕との会話には通訳をステファニーが買って出てくれた。もう六十歳代も後半を迎えているのに、若々しく黒縁のメガネがよく似合う。白い歯をのぞかせてにっと笑う時の表情がステファニーにそっくりだ。そしてバイタリティにあふれている。

最近頻繁にメキシコに来るからと、スペイン語をマスターしようとしている。確かにフランス語とスペイン語は同じラテン語をルーツに持つから、多少覚えやすいかもしれないが、六十歳を超えて新しい言語を学ぼうとする彼女を無条件に尊敬してしまう。そんな片言のスペイン語とステファニーの通訳を介して、僕らはずいぶん長い間フランスでの生活や日本のこと、メキシコのことを話した。あんまり話が弾みすぎて、通訳してくれたステファニーが「ちょっと疲れたから休憩させて」とさえぎったほどだ。そして仲良くなったところでこの旅が終わっても連絡が取りあえるようにと、メッセンジャーのアカウントも交換した。彼女は日本人が大好きらしく、留学生をリヨンの自宅で受け入れている。その一人に招待されて日本に行ったときの写真も見せてくれた。僕もフランスに来たら泊めてくれるらしい。これでフランスにもお母さんができた。

「でも、どうしてこの牧場のことを知ったの？」

昨日のラバーニャと同じ質問を、クリスティーナおばさんは僕に投げかけた。そりゃあ他にも有名で魅力的な観光地がわんさかあるチアパス州で、わざわざ不便な思いをしてこの牧場にたどり着く日本人は珍しいだろう。

「雑誌で見たんだよ。この牧場のことが、隠れた名所としてとても好意的に書かれていたから」

僕の言葉をフランス語に訳しながら、ステファニーは得意気に雑誌を見せた。僕が切り抜いて持ち運んでいるのと同じものだ。

「ウーララ。きれいに写真を撮ってもらっているわねえ。あら、ゾエとシャヤンも出ている」

クリスティーナおばさんがひとしきり雑誌に目を通している間、僕はステファニーに、雑誌にこの牧場が取り上げられたきっかけを教えてもらった。

「この牧場にゲストを泊め始めた頃は、今みたいに予約がずっと埋まっているわけではなかったの。それで何か宣伝できる方法がないかと思って、出版社に私から声をかけたのが三年前よ。そうしたらオーケーの返事が返ってきて、間もなくしたらライターと写真家がここまでやって来たってわけ」

てっきりこの手の雑誌では、いろいろな地域をまわる特派員がいて、自分で探し当てた隠れたスポットを紹介しているのだと思っていた。だけどこのエバーグリーン牧場に関して言えば、探し当てられたのは雑誌の方だった。

クリスティーナおばさんに話を戻すと、彼女は馬にも乗る。フランスのリヨン仕込みだ。十四歳から乗馬を習い始めたというから、キャリア五十年の大ベテランということになる。お父さんが毎週末乗馬クラブに連れて行ってくれたおかげで、乗馬ライセンスの一級というのを持っているらしい。残念ながら僕の滞在中にその腕前を拝見することはできなかったが、ステファニーが携帯電話で以前撮ったビデオを見せてくれた。そこには馬の歩調に合わせ、リズムよく上体を上下させながら、悠々と馬を操る様子が映っていた。ゆっくり歩く速度から一つギアをあげた「トロット」、つまり「速歩（はやあし）」で馬場を一周している。僕のような初心者が勝てるとしたら、馬の背中に乗るとき、彼女より少しだけ身軽に飛び上がれることとぐらいだ。ビデオにはクリスティーナ大先輩が、乗馬中に足をのせる「あぶみ」に左足をかけ、馬の背中にまたがろうと鞍をつかんで飛び上がる様子が映っている。でもいくらやっても体が持ち上がらず、失敗しては何度もジャンプをやり直している。そんな自分の母親の滑稽な仕草を、ステファニーは僕の隣で何度も繰り返し流しては、「くっくっく」とずいぶん長い間笑っていた。

左からクリスティーナおばさん、ステファニー、サムエル、シャヤン、ゾエ。
全員揃った。

17 山と電波とラブレター

ところでエバーグリーン牧場の周辺は、携帯電話の電波が届かない。ただＷｉＦｉのモデムが設置されているので、母屋の中にいるときだけはインターネットがかろうじて使える。ただし接続は限定的で不安定だ。だからこの家族は友人たちと連絡する際、「ワッツアップ」というメッセージ交換アプリを介して、ボイスメッセージやテキストをやり取りしている。だけど会社員でもある僕は、休みの日でも携帯電話に万が一大事なメッセージや不在着信がないか、一日一回は見ておかないと落ち着かない。だからステファニーに、どこに行ったら電波が届くのか、着いたその日から相談していた。そして村の中に一か所だけ電波が届くスポットがあることが分かった。近くの山の中にひときわ大きな木があって、そのあたりだけ電波が届くらしいのだ。僕は携帯電話を持って大木に登り、村人たちが何人も枝に腰掛け、遠くにいる家族や友人と話している様子を思い浮かべた。木の根元には枝に登りやすいように梯子がかかっていて、太い枝には親子が並んで足をぶらぶらさせながら話していたりする楽しそうな光景だ。

「この村の人はみんなその大きな木まで坂を登って行って、電話をかけるの」

ステファニーはそう言うと、わら半紙の紙キレに、ペンでグニャグニャと牧場から近くの丘までの行き方を描いた地図を僕に渡した。エバーグリーン牧場から十五分ほど歩くとその電波受信スポットがあるというが、そこまでの目印は小さな小川と教会だけみたいだ。

何だか見つけるのが大変そうだが、その日の夕方僕は携帯電波が届く魔法の木を目指して歩き始めた。牧場を出ると、両脇に大きな杉の木が並んだ砂利道が続いている。車二台が余裕をもってすれ違えるほどの広さで、左右にはエバーグリーン牧場の敷地や草原が広がっている。十二月の夕暮れ間近、チアパスの高地は肌寒く、何もないその道を歩いていると寂しさを通り越して、不安がじわじわとこみあげてくる。当然迷子になっても携帯電話で誰かに助けを求めることはできない。冷たい風がざわざわと草や木の葉を揺らす中、少しずつ日が傾いて、辺りは薄暗くなりつつある。途中車やバイクと三回だけすれ違った。いずれも地元の男性だった。彼らは砂利道の上をゆっくりとした速度で走り、僕と目が合うと、みな必ず手のひらを顔のあたりまで上げて「よっ」という感じで挨拶した。

「携帯電話の電波が届く大きな木を探しているんですが、知っていますか」

僕は自分が進む進行方向が合っているのかを確かめたくて、バイクに乗った一人を止めて聞いてみた。

「うーん。知らないなあ」

彼はバイクにまたがったまま、申し訳なさそうにした。どうやら隣の村の人らしかった。

小川があると聞いていたので探したが、見つけることができたのは今にも乾いてしまいそうな水の流れだけだった。その上に橋があると地図に描かれているが、橋というよりは、普通の道の下に水溜まりが見えるだけだった。でもこれできっと合っていると自分に言い聞かせて、次に目指したのは教会だ。ステファニーの地図で強調されているところを見ると、どうやらこの曲がり角がキーポイントだ。ここさえ間違えなければ電波を受ける「魔法の木」にたどり着けるらしい。しばらく早足で歩いて、ようやく見つけたその教会は真っ白な建物で、一見何の目的で建てられたのか分からない小屋だった。でも十字架マークが控えめに飾られていたので、かろうじて教会だと分かった。いや、分かったというより、そうに違いないと信じて進むことにした。そのY字路を右に行けば間もなく目的地のはずだ。

またも早足で進んでいると、地元の女性たちが四人ほどで並んで、どこかを目指しているのにすれ違った。みな長い髪をしっかりと結わえ、お揃いの黒いスカートに青いブラウス姿だったので、クリスマスに関係するミサに行くのかもしれない。人とすれ違えるだけで、心細さが少し和らいだ。あたりはだんだん暗くなってきている。冷たい風のせいで、思わず肩に力が入る。しばらく歩くと小さな民家が五軒ほど並ぶ道に出た。そのうちの一軒の玄関先には、白黒のぶち模様をした小豚がロープでつながれていて、元気に動き回っていた。そしてその民家と民家の間に急な坂道が山の方向に続いていた。この道に違いないと地図を頼りに上り始めた。だけどそのまま進んでも、なかなかそれらしい木にたどり着かない。チアパスの険しい山には、大木なんていたるところにある。ステファニーは「すぐ分かるわよ」と言ったが、民家がやがて途切れ、細い山道に入っていく直前でいよいよ不安になった僕は、いったん民家のある方へ引き返した。そして家の庭で遊んでいる子供や、裏庭で洗濯物を干している女性に「電話の電波が入る木はどこですか」と声を掛けた。

「ああ、携帯電話ね。ここを上って行けば分かるよ」

とにかく今いる道をずんずん進めばいい、というかなり大雑把な道案内だった。このアジア人はよりによってこんなところまで来て、何を電話で話したいのかね、とみんな怪訝そうな表情を隠そうともしない。いや、もしかすると僕の顔が切羽詰まっていて怖かったのかもしれない。

山道に入ると民家はなくなり、十分ほどトウモロコシ畑の脇道を歩いた。ここをしばらく進んで分からなかったら、牧場にさっさと戻ろうと半ばあきらめかけていた時に、携帯電話の電波受信状況を示すバーが一本だけ立ち始めた。やがてその大木は僕の目の前に無事現れた。予想していたような、村人が集まるにぎやかな社交場はそこにはなかった。僕の他には誰もいない。野草に咲いた薄黄色の小さな花のそばを、黒い蝶がひらひらと舞っているぐらいだ。でも確かに携帯の電波は弱いながらも受信できている。階段状のバー表示が三本になったり、二本になったりしている。でも結局メッセージなんて入っていなかったし、不在着信の記録もなかった。休みの日も電波やネットワークの中にいないと、不安になってしまう滑稽な自分がそこにいた。

日が暮れ始め、風も冷たくなってきたのですぐ宿に戻ろうと思ったが、せっかく来たので山から見える景色を見渡した。トウモロコシ畑が広がる谷を眼下に一望できる山の中腹からは、赤く大きな夕日がゆっくりと谷の向こうに沈みかけていた。思わず僕は木の根元にしゃがみこんだ。そうしてしばらくの間、木々の濃い緑と夕日の赤のコントラストに見とれていた。

すっかり日は暮れ、急いで小屋に戻った僕は、紅茶で一服しようと共有キッチンでお湯を沸かし始めた。ウォーターサーバーの水は使わず、水道の水をやかんで沸かしてみた。初日ステファニーから水道の水は硬水だけれどすごくおいしいと聞いていたのだ。持ってきた読みかけの小説と、ティーカップを木製テーブルにのせ、やかんから湯気が出てくるのを待った。リュックからステファニー直筆「電波探索用地図」を出してテーブルに置いたとき、その裏面の落書きが目に入った。僕は表面の地図ばかりを必死で解読しようと凝視していたせいで、それまで裏面は目に入ってなかったのだ。そこには、赤いボールペンでいかにもティーンエイジャーの女子が描いた、少女漫画チックなハートマークが三つあり、宛名に「ホセ」と男の名前がある。

「テ・アモ（愛してる）」

書いたのはひょっとしたらゾエかもしれないし、シャヤンかもしれない。それとも近所の女の子が落書きして置いていったのかもしれなかった。でもそんなロマンチックなメッセージが書かれた紙も、さばさばした女将のステファニーにかかれば、ただのメモ用紙でしかない。僕は裏と表を見比べて、思わず声を出して笑ってしまった。

大木までの手書き地図。

18 人馬一体と馬耳東風

母屋で家族のみんなと二日目の夕食を済ませた僕は、また暖房のない寒い小屋の中で、目のすぐ下あたりまで毛布に潜り込んだままぐっすり眠った。馬に乗ったせいで、背中や太ももに筋肉痛が出始めていた。でも心地いい疲労感だ。

そしてきりっと冴えわたる冷気の中、クリスマスイブの朝を納屋風の小屋の中で迎えた。そのころには喉の痛みはすっかり消え、爽快な気分で隣の共有キッチンに出ようと部屋の扉を押し開けた。だけど何か様子がおかしい。そのキッチンではガスコンロでお湯を沸かしてお茶を飲んだり、夜には軽食のパンを食べたりしていた。前日に近くの売店——といっても民家の倉庫にカップラーメンとパンと水やせっけんなどが置いてある四畳ぐらいのスペースだが——で買った、小ぶりな手作りの黒糖パンを三つ、虫が入らないように袋の口を縛って木製の棚のできるだけ高い段に置いておいた。それがどうも動物の歯のようなもので破られ、中身がほじくり返され、半分ぐらいに減っていたのだ。

まず疑ったのは、いつもけたたましく牧場を歩き回っているニワトリたちだ。何せこのキッチンの大きな窓にはガラスがなく、外との仕切りはあってないようなものなのだ。少々ジャンプの心得があるニワトリなら軽々乗り越えられる高さだ。しかもまだ真暗なうちから、朝だ朝だとうるさく叫び、せっかく寝ていても何度も目が覚めてしまうぐらい彼らは活動的なのだ。でも、もし犯人がニワトリなら、僕が寝ている間に隣のキッチンでバサバサ羽音や鳴き声がして、さすがに気づいていたはずだ。

次に思いあたったのはネズミだ。夜中に隣のキッチンの物音で目が覚めなかったことや、袋についていた歯形から、どうもその可能性が高いと僕は思った。牧場にはたくさんの家畜がいる一方で、夜な夜な活動する野生動物もいるのだ。冷蔵庫がないキッチンで外に置かれた食料は、間違いなく動物たちのごちそうに違いないのだから、放置した自分が悪いとひとしきり反省した。残骸となったパンを生ごみ入れのバケツに入れて蓋をし、破れたビニール袋はプラスチック専用の大きな麻袋に入れた。世界の中心に人間はいないし、いろんな生き物との関係性の中で僕らは生かしてもらっているのだ。

クリスマスイブのその日、馬術の師匠サムエルに、今日は何をしたいかと聞かれたので、「ギャロップ」の仕方を教えてほしいとリクエストした。ギャロップとは馬が全速力で走るときの足の運びで、日本語では襲歩（しゅうほ）というらしい。僕はこれまで何度もいろいろな観光地で馬に乗り、ギャロップで走らせてもらったことがあったので、その爽快さを忘れられずにいた。前日に散策した森の中のツアーでも、まあまあなスピードで走ったし、あまり苦労せずにギャロップできるだろうという感覚もつかんでいた。ラバーニャとデイビッドも一緒だが、僕より前から滞在していた彼らの方が、断然馬の扱いには慣れているからその提案に賛成してくれた。

その日、僕のこんな要望に、サムエルは特別講師を迎えて応えてくれた。次女のシャヤンだ。物心ついた時からこの牧場の娘たちは乗馬を生活の一部として体得している。だから、家族全員が上級者なのだ。そして十四歳のシャヤンは、馬の上では完全に僕らを圧倒する高い技術を持っていた。

唇をすぼめて鋭く甲高いキッシング・ノイズで合図をすると、牧場唯一の白馬ダッチェスは彼女の思い通りに歩き始め、やがてゆっくりと馬場を一周、きれいな円を描いて走った。そのさまは、「軽やか」という言葉が一番しっくりくる。ストップするのも、スピードを上げるのも何もかも、お手本通りだ。一方僕ら三人はと言えば、昨日の山での散策で一時間以上も歩いたり走ったりしたのだから、馬たちが自分の言いなりになると思っていた。でもそれは、馬を誘導してくれるサムエルが前にいたからだということを間もなく思い知らされた。いざ口で合図をしたり、両足のかかとでお腹をこつこつと叩いて歩き出すよう促しても、馬たちはうんともすんとも言わないのだ。

それが、シャヤンにかかるとあまりにもスムーズに言うことを聞く。僕は勝手に馬に乗れるような錯覚に陥っていたから、本当は何もできないことに少々がっかりした。何度も腹を足で挟み、「ウォーク」と叫び、執拗に馬が歩き出すよう合図を送った。でも少し歩いては止まるので、サムエルが見かねて初心者に慣れた馬に交換したり、馬に話しかけたりいろいろとしてくれた末に、やっと歩き始めた。シャヤンも一緒に僕らと馬場を回ってくれたが、僕は何度か後ろにいるシャヤンに、手綱の持ち方を直された。どうも力を入れて引っ張りすぎていたみたいだ。

そんな風にいろいろと試行錯誤しているうちに、本当に一度だけ、馬が言うことを聞いたのか、それともただの気まぐれか、突然スピードを上げて馬場を全速力で駆け出した。最初はちょっと走ってみたという感じだったのに、どうやら調子に乗ってきたようで、ぐんぐんスピードが上がる。そんな馬の高揚感とは裏腹に、半ばあきらめかけていた僕は完全に不意を突かれ、上体が後ろにのけぞり、バランスを崩しそうになった。それでも必死にしがみついて二百メートルほどを一周する最終コーナーで、顔の前に木の枝が現れた。とっさに馬の背中に身を伏せ、間一髪でけがを避けることができた。そこまではよかったが、その直後に左に身体がずり落ちそうになり、あと一歩で落馬しそうになった。でも鞍の木のでっぱりを力の限りつかんで、強引に足を踏ん張り、何とか落ちずに済んだ。

「今回はうまくいったな。でも体のバランスが少し崩れていたぜ」

サムエルがにこにこと褒めてくれている間も、まだ僕の心拍数は上がったままだった。少しバランスが崩れていたどころではなくて、落ちる覚悟さえし始めていたぐらいだ。でもあんなスピードで二メートル近い高さから投げ出されたら、いくら地面が土だとしても痛いに決まっている。僕はもう学生の頃の体の柔軟性を失っている。そしてその直前には、どうやらラバーニャが落馬したみたいだ。自分のことで精いっぱいだったから直接は見ていなかったけれど、しばらく背中を手で抑え、ジーンズの汚れを気にしながら足をひきずっていた。

そんなわけでその日のセッションは、僕ら三人ともさんざんだった。唯一デイビッドが少し馬の扱いが上達していて、何度か馬場を回ることに成功していたぐらいだ。でも、「あれ、こんなはずじゃあなかったのに」という表情が、セッション中ずっとデイビッドやラバーニャの顔にも浮かんでいた。

「命令するのは自分だと、上下関係をはっきり馬に分からせないといけない。そうしないと馬は勝手に水を飲んで、草を食べ始める」

サムエルは何度も繰り返して言った。分かってはいるが、どうやらその日は馬と僕ら生徒たちの上下関係は逆転していたみたいだ。きっと何度も乗馬を経験して、自信を持っていないと馬にもその上下関係は伝わらないに違いない。

最後にサムエル師匠が馬にまたがり、たてがみを手でつかんで馬に指令を送り始めた。唇から鋭い合図の音が鳴った。すると、馬はまるで踊りだすかのように激しく躍動し始めた。自在に馬を操るデモンストレーションだ。すでに馬から降り、サムエルの説明を聞いていた僕ら三人の前で、目まぐるしいストップやターンが繰り返される。馬は前足を上げたかと思うと跳ねるように後ろ脚を蹴り、アクロバティックに方向を何度も変えた。僕はテレビでいつか見た、モトクロスバイクのウィリー走行やターンの曲芸を思い出した。馬は完全にサムエルの思いのままだった。

「頭の中にどう動きたいか明確にイメージして、合図や言葉、それに体重移動で伝えるんだ」

サムエルは圧倒される僕らにそう告げた。

こんな風にして三日間の馬術教室は締めくくられた。

若くて美しい師匠、シャヤン。

第5章

ハレルヤ

19　兄弟とまつぼっくり

その日、つまりクリスマスイブのメインイベントは夕食だ。僕はこの広い牧場で、いろんな国の人達と一緒に食べるディナーにゲストとして招待されている。でもそれまでには二時間ほど時間があるので、ステファニーに他に何か楽しそうなアクティビティはないかときいてみた。すると地元の少年と行く村の自然散策ツアーに出るのはどうか、と提案があった。これまでいろんな国のゲストが、村の少年と朝から山に登り、珍しいキノコを見つけたり、はたまた植物の解説を受けたりして喜ばれているという。簡単に言うとエコツアーだ。僕がディナーの前に散歩できるとしても、せいぜい一時間ぐらいだから、森の中に入ってゆっくりキノコを見つけている時間はない。だけど部屋に待機しているだけよりは楽しそうだからお願いすることにした。

「丘の上から近くの町の景色がきれいに見えるところがあるの。二十分も歩けば着くと思うから」

そう言ってステファニーはガイドの少年に、この道を通ってこの坂を上ってと、細かく指示を出し始めた。空いた時間を利用した散歩だし、あまり期待する必要もない。身体はまだそれほど疲れていないし、多少牧場の外を歩き回るのも村の様子が分かっていいと思った。

ガイドはよく日に焼けた少年でチェペといった。弟のアベルを連れて、柵を何度もまたいだりくぐったりして、牧場の外の山道へと僕を連れ出した。トウモロコシ畑やカラフルな花を咲かせる植物の写真を撮りながら、とにかく少年二人について歩きまわった。

チェペは十三歳で、アベルは八歳だ。それに牧場の飼い犬の中でも一番人懐っこい、クリーム色の小型犬「スクービー」が道中ずっとついてきた。

山を練り歩くように未舗装の土の上を進むと、巨大な松ぼっくりがたくさん落ちていた。サン・クリストバルの近郊の標高二千メートルを超える高原地帯には、大きな松の木がたくさんある。形の整ったものがあったので一つ拾ってリュックにしまった。するとそれを見ていた弟のアベルがしばらくして、もっと大きくてきれいなものを拾って僕に手渡した。

「きれいだね、これ。ありがとう」

とリュックにしまうと、無口な弟は恥ずかしそうに笑った。そのあといくつも拾ってくれたけれど、松ぼっくりは大きさが二十センチほどもあるので、リュックの中はすぐいっぱいになった。戻ったら母屋に飾りとして使ってもらうつもりだ。

散策ツアーと言っても、山道を登ったり下ったりする、まったりとした散歩でしかない。ただ道に迷わないように、地元の少年たちが付き添ってくれる。「畑仕事を手伝ってんのか」とか、「坂道歩くのは疲れないか」とか、雑談しながら未舗装の山道を歩き回った。花や木の実を見つけると、チェペは僕に「ほらそこの花見て」とか、「その木の実は食べられるんだよ」と熱心に教えてくれた。山の中で唐突に現れる冬瓜やトウモロコシの畑の横を通るたび、中の作物を指さした。その小一時間の間、山道を行く僕らは誰ともすれ違わなかったし、畑仕事をしている人も見かけなかった。そもそも人が少ない村だし、クリスマスイブなのだから夕食の準備でみな忙しいのかもしれない。

チェペやアベルは家族を手伝って畑仕事をしているから、こんな観光客の相手は時間が空いたときのアルバイトみたいなものなのだろう。

「プーロ・トラバハール（働いてばっかりだよ）」と兄のアベルは、道中何度もなまりの強いスペイン語で言った。彼の母語はサン・クリストバル近隣の村々で主に話されるツォツィル語だ。でも公用語であるスペイン語も自由に操るバイリンガルだ。ただ言葉遣いは独特のくせがあり、語尾に必ず「プエス」という言葉をつけた。例えば「はい」と肯定するときに、必ず「シー、プエス」と言う。日本語にするなら「まあ、そうね」「ええと、そういうことになるね」というニュアンスだろうか。この「まあ」とか「ええと」にあたる「プエス」を語尾につけるのは、弟のアベルも同じだった。

「学校楽しいか」、「好きな教科は何だい」とこの年頃の子供と話すとき、必ず話題に出しそうな質問を僕は何度も口にしかけては呑み込んだ。もしかしたら二人とも初等教育さえまともに受けていないかもしれないからだ。日本人が当たり前と思っている多くのことは、チアパス州の、特に都市部を離れた村々では、まったくもって当てはまらない。

二十五年も前だから今は状況が違うかもしれないが、この村から四十分ほどのところにある「アマテナンゴ」という、陶器を作る村に学生の頃行ったときのことを僕は思い出した。その村で出会った十歳前後の子供たちから、鉛筆をくれとねだられた。たぶん学校で勉強に使うためだろう。だけどあいにく持ち合わせの鉛筆がなかったのでペンをあげた。文房具は何でも手元にあるのが当然だと疑ったことがなかった僕は、そのとき少なからずショックを受けた。それから仲良くなった子供たちに、折り紙で鶴でも作って見せようと、

「何でもいいから紙切れをちょうだい」と言ったら、ずいぶんしてからボロボロで鉛筆による書き込みだらけの教科書の端切れを、お母さんと相談した末に家の奥から出してきた。この辺りに点在する村々の子供たちの生活は、まったくもって甘いものではない。

一時間も歩き回っていたら、エバーグリーン牧場にいつの間にか戻っていた。途中、何度も「ほら見て家だよ」とチェペは教えてくれた。だけど、結局ステファニーが言っていた「丘から見える村の美しい景色」らしきものは見当たらなかった。でも牧場の外の様子が分かったので満足だった。僕はお礼を言い、二百ペソ（千二百円）を渡して兄弟と別れた。決して安い金額ではないが、僕はステファニーに聞いていた金額をそのまま渡した。ステファニーは仲介料を取らない。よそ者の外国人が牧場を運営しているのだから、少しでも地元の村人に還元しようという姿勢がこんなところからも伝わってくる。

トウモロコシ畑をバックにチェペとアベル。

20　巻き寿司はいかが

小屋に戻ると知らない間に共有キッチンの床に、デイビッドとラバーニャの荷物がごろごろと置かれていた。実はその日、以前からクリスマスを過ごしに来る予定だった、ステファニーたちの大親友、イギリス人のマットが泊まりに来る。そしてデイビッドたちが泊まっていた「ザ・コテージ」に宿泊するのだ。でもこの牧場が気に入ってまだ滞在し続けたいデイビッドとラバーニャは、泊まるところがなくなり、とうとう僕の泊まる納屋風の小屋にある、ボランティア用の部屋に引っ越してきたのだ。もともとはゲスト用ではないが、臨時の場合は使うこともあるらしい。二段ベッドが二つ並んだ小さな部屋だ。そして、僕が明日宿をチェックアウトしたら、その後に二人が入る算段らしい。僕は前日に部屋の鍵を開けて——鍵といっても、扉が勝手に開かないように留め具を引っ掛けるだけだけど——デイビッドとラバーニャに部屋を見せていた。

「クールだね、この部屋」と二人は口々に言っていたが、おそらく暖炉のある部屋でぬくぬく過ごしていた彼らに、夜の冷気は想像できないはずだ。

そんなデイビッドの引っ越し荷物の中に、小さなギターケースがあった。実は彼らの部屋を初日に見せてもらったときに見つけて気になってはいたのだが、特に触れずにいた。

僕は楽器が大好きでギターも少し弾くので、我慢できずにデイビッドに弾かせてもらった。カリフォルニア製の小さなガットギターは、旅行にはぴったりの大きさだ。お互いのギター歴とほんの少しのレパートリーを披露しあった。

「僕はギターを習いだしてまだ三年なんだ。もともとそんなに音楽が得意な方ではないけれど、ギターで曲を弾けたらかっこいいなと思って練習している」

デイビッドは、ギターの弦を指でつまびくアルペジオ奏法を少し見せてくれた。

「ハレルヤという曲なんだけど、知らないかな」

僕はその曲を聞いたことがなかった。でもスローテンポでメロディがきれいな曲だった。僕の方は学生時代に覚えたブルースやラグタイムのフレーズをいくつか弾いた。そしてデイビッドに一つ提案した。

「今晩クリスマスディナーで、二人で曲を披露しよう。せっかくギターもあるし、盛り上がるよ」

「いいね、それ。分かった、やろう」

デイビッドはあまり人前では弾き語ったことがないと言っていたが、参加することに意義を見出しているようで快諾した。僕は僕で何曲かレパートリーはある。何とかなるし、弾かないで後でやればよかったと後悔するのは、この牧場では選択肢として思いつかない。

その日の夕方、まだ日が暮れる前なのに、パーティの準備で母屋はにわかに活気であふれていた。台所ではこの村の人口密度が局所的に史上最高を記録していたに違いない。クリスティーナおばさんを含めた牧場の家族五人。その日から泊まりに来ていた、イギリス人木彫りアーティストのマットは、この家族と十八年の付き合いで、ゾエやシャヤンのことも小さなときから知っている。近くで民宿を営むドイツ人のセバスチアンとメキシコ人の奥さんジュリディア、そしてその小さな子供たち三人。ラバーニャ、デイビッドと僕の宿泊客三人組。それぞれが交代で台所を使い、サラダを作ったり、持参した料理を食卓に並べ始めていた。

僕がチェペやアベルとの散歩から戻ったのを知ると、ステファニーはすかさず手伝ってほしいと声をかけてきた。それまで何も聞かされていなかったが、巻き寿司を作るつもりらしく、結局日本代表選手として代わりに僕が料理することになった。僕がいなくても彼女は海苔、お米（カリフォルニア米）、すし酢など、材料をすべてそろえて本気で自分で作ろうとしていた。

「私が炊くとお米がパラパラになるのよ」と言いながら、コツを教えろとやり方を聞いてくる。こんなとき、少々料理の経験があることは役に立つ。家でたまに寿司を作ることがあるが、エバーグリーン牧場には当然炊飯器なんてない。だけど学生時代に鍋で米を炊いたことはよくあったし、やかんでおいしいご飯を炊く先輩の不思議な技も見ていた。ポイントは水を多めに入れて、最初から最後まで蓋を取らないことだ。

「中の様子が分からないから開けたくなるのが人情だけど、とにかく蓋を取らないで。我慢して蒸気を逃がさないことだよ」

えらそうに言いながら、実は初めて使う他人の台所で、鍋もコンロの火力も違う中、本当にうまくいくのかと不安がよぎっていた。責任の重さがだんだん肩にのしかかってくる。どうやら年に一度のゲストを招いた晩餐に、メインディッシュの一つとして、巻き寿司を出そうと本気で考えているらしいのだ。いや、もしかしたら日本人が泊まりに来ると知って、手伝わせてやろうと前々から計画していたのかもしれない。

僕は鉄鍋にざるで洗ったお米と水を入れ、コンロの火をつけた。鍋とふたの間には微妙な隙間があって、ぴったりとはまらず、蒸気が予想以上に漏れ始めた。だからステファニーと相談して、隙間を埋めるために濡れ布巾を上からかけることにした。幸い蓋がガラス製なので中の様子はよく見える。水気が飛んで湯気が徐々に出なくなり、ぐつぐつという音も聞こえなくなったところで火を消した。ここまでくれば、ほぼできたも同然だ。

「お米はこのまま蓋をして、最低三十分はおいておく。そうすればさらに蒸されて、柔らかくふっくらしてくるから」

そうステファニーに言うと、

「これが秘訣だったのね。蓋を開けないこと、水の量をお米の一・五倍にすること、それから最後に蒸らすこと」

ずいぶん飲み込みがいいなあと思ったが、よく考えると彼女はこの牧場のシェフでもあるのだ。本当は素人の自分が偉そうに料理を語るような相手ではない。こうして炊けたお米は日本の食卓に並べても、まあご飯だねと言えるレベルに何とか落ち着いた。ステファニーは巻き寿司用に竹製の「巻きす」もどこで手に入れたのか用意していた。僕は長方形のガラス製耐熱皿に、薄くご飯をしきつめて、寿司酢をまんべんなくふりかけた。そしてなぜかこの家にあった白い扇子で、ステファニーと交代で風を送り何とか酢飯ができ上がった。

具はフィラデルフィアチーズとほうれん草とツナマヨだ。海苔の上にお米を広げ、具を並べてから、巻きすでロールさせるまではよかったが、困ったのはよく切れる包丁がなかったことだ。用意されていた錆のついたペティナイフは切れ味が悪く、水につけて使っても海苔とご飯が刃にくっついてうまく輪切りができない。でもそれを見ていたイギリス人のマットが、途中でもう少し大きなナイフを見つけてきてくれて、何とか巻き寿司らしきものが二皿分できた。近くでサラダを作っていたスリランカ系アメリカ人のラバーニャが、目をきらきらさせながら、近づいてきた。

「お寿司食べるの超久しぶり、わくわくするわ」

その夜のパーティーに合わせ、髪を赤いターバンで束ねた彼女は、そう僕にささやいた。サンフランシスコのおしゃれなレストランできっと寿司を食べたことがある彼女は、メキシコ人よりずっと舌が肥えているに違いなかった。だけど、えせ日本食料理人代表としての任務はほぼ終わりつつあったので、もうそんな言葉もプレッシャーに感じない。むしろどんなもんだいという感じである。多少形はぐにゃぐにゃしているけれど、上出来だろう。

何とか出来上がった即興の巻き寿司。

21　クリスマスツリー

母屋のキッチン兼食卓の周りには、久しぶりに会った友達同士が集まり、また僕やデイビッド、ラバーニャのような宿泊客が入り混じって、近況報告や初対面のあいさつで、華やいだ空気が充満している。松ぼっくりに娘たちが色を塗って作った飾りを、サムエルが森から切りだしてきたモミノキの周りに置いて、立派なツリーができ上がった。ツリーは木製の机の上に立てると、天井まで届いた。その根元に僕は、さっき山道で拾ってきた大きな松ぼっくりを五つ黙ってそっと並べた。サムエルがブルーのイルミネーションライトを手早く木の周りに巻く。準備を進めながらそれぞれが自分の好きなワインを持ち寄り、グラスを片手に語り合う。僕は前日までサン・クリストバルにいたクリスティーナおばさんに、チリ産のシラーを持ってきてもらっていた。ステファニーが連絡してくれたのだ。でも誰がどのワインを飲んでも、もはや構わなかった。会話はあちらこちらに話題が飛んでいく。

「この子たち、『親は何している人?』って聞かれたら、『ヒッピーです』って答えるの」

ステファニーはゾエやシャヤンがいる前でそう言って大笑いした。確かに彼らがヒッピーみたいだったのはだいたい想像がつく。子供たちはそんな親を面白おかしく形容するが、その裏にはいつも尊敬の念が見え隠れする。こんな家族が生まれるなら、ヒッピーが多少増えるのもいい。

次女のシャヤンは、セバスチアン夫婦が連れてきた子供たちの面倒を見ている。赤ちゃんの時から知っているから、子供たちはシャヤンのことを親戚のお姉さんみたいに慕っているのがよく分かる。僕はその時シャヤンがスペイン語で三歳と五歳の子供たちに大きな声で「ほら、外行くわよ」と言っているのを聞いた。僕とはなぜか英語で話していたので、なんだ、普通にメキシコの子供みたいに話せるんじゃないかと安心した。そして母屋の外の芝生でキャーキャー言いながら駆けまわっているのを見て、今まで大人っぽく見えていたシャヤンが、まだ結構幼いところもあるんだなと発見した。

ところでこの日から宿に合流したイギリス人のマットは、ゾエやシャヤンにとって親戚のお兄さんのような存在みたいで、ものすごくなついている。ユカタン半島のカンクンから、南に一時間ほど南下したトゥルムという小さなビーチリゾートに住んでいる。そこにあるおしゃれなホテルに、大きなもので五メートルもある木彫りアートを納品しているそうだ。オブジェのモチーフは人魚だったり、熱帯に生息する鳥だったり、猿だったりするのを携帯電話の画面で見せてくれた。

「本当はチアパスに住みたいけど、僕の作品が売れるのはトゥルムみたいなちょっと風変わりなリゾート地だったりする。だからまだ、しばらくはトゥルムで仕事をしようと思う」

マットはチアパスでステファニーたちと何年も一緒に生活を共にしたことがある、いわば親戚みたいなものだけれど、家族の事情で一度イギリスに戻った。でもやっぱりメキシコが好きで、また生活のベースをこの国に戻したという経歴の持ち主だ。

「いつかは、またチアパスに来て、この家族の近くに住めればいいと思っている」

イギリスにはない、ワイルドで温かい魅力がどうしてもマットを引き付けているようだ。

長女で十六歳のゾエは、大人チームの会話に混ざっている。ゾエやマットとおしゃべりしていると、やがて日本のアニメのことが話題になった。「日本と言えば」と自然にジブリの映画の話になり、「千と千尋の神隠し」が好きだとか、いや「トトロ」がキュートだとか、二人が自分のお気に入りの宮崎駿作品について熱弁し始めた。彼らのほうが詳しいから、僕は初期の「風の谷のナウシカ」をお勧めするぐらいしかできなかった。ここ十年そこらで、日本人や日本文化に対して世界中の人の見る目が変わってきたようだ。例えばクリスティーナはリヨンで日本人留学生を下宿させ、世話を焼くのが大好きだ。このディナーのメインディッシュは巻き寿司だったりする。

僕が留学していた二十五年前には、インターネットなんかなく、メキシコ人が知っている日本語は「芸者」、「侍」、「腹切り」、「空手」ぐらいだった。マニアックなメキシコ人がやっと「忍者」という言葉を知っていた。近所の子供たちは、僕を見ると空手でやっつけられると勝手に恐れて逃げ回った。日本のアニメと言えば、当時「アルプスの少女ハイジ」がテレビで流れていた。

今では「ドラゴンボール」や「キャプテン翼」などのクラシックなアニメは、ほとんどの人が知っている。メキシコでテレビ放映されていなくても、インターネットの普及のおかげで、日本でリアルタイムで放映されているアニメが、スペイン語の字幕付きで見ることができる。そしてそこに登場する主人公や登場人物を、熱狂的に愛する人に出会うようになった。Jポップも人気で、十代の男の子が「いきものがかり」のファンだったりする。そして特に日本びいきというわけでもない人たちも、日本料理は「寿司」や「てんぷら」

だけでなく、案外多彩だということに気づき始めていて、ずいぶん居心地が良くなった。

持ち寄りパーティの準備はほぼ完了した。

22 ハレルヤ

辺りが暗くなり始めた頃、サムエルによる「メリークリスマス」という乾杯の掛け声とともにディナーは始まった。すでにワインを飲みながら食事の準備をしていたので、がやがやとにぎやかだ。クリスティーナおばさんは英語が話せないし、サムエルのスペイン語はかなりブロークンだ。だから間にステファニーやその娘たちが入って、フランス語を含めた三言語が混ざり合う、言葉のボーダレス状態に入った。

子供たちは運動会のかけっこの号砲が鳴ったときみたいな勢いで、僕が作った巻き寿司の奪い合いを始め、皆に用意されたお箸——なぜかきれいな日本の塗り箸が用意されていた——で、鼻息荒くほおばっている。光栄なことにあっという間に二枚の皿からは、少し形のゆがんだ巻き寿司が姿を消した。それにしてもそこにいた全員がお寿司だけでなく、ラバーニャが作ったサラダなんかもお箸で器用に食べているのが不思議だった。

この日の招待客の一人、ドイツ人のセバスチアンも、ヨーロッパからやってきてこの土地が気に入り住み着いた一人だ。民宿をメキシコ人の奥さんのジュリディアと営みながら、幼稚園児の息子と娘、それに男の子の赤ちゃんと一緒に生活している。ハンチング帽をかぶり、相当にしっかりした一眼レフのカメラでパーティの様子を写真に収めている。メキシコの民族衣装をまとった奥さんは、なぜかフランス語を流ちょうに話していたが、持ち寄った揚げタコスは正真正銘の伝統的メキシコ料理だった。かかっている音楽はクイーンのボヘミアン・ラプソディなど勢いのいい曲を中心に、七十年代の洋楽がランダムにかかっている。この日のＤＪサムエルは五十八歳、ちょうど僕の十歳年上だが、音楽の趣味で余計に世代が分かる。

食事がひと段落してきたところで、突然サムエルがみんなに向かってコールした。

「シニジがギターを弾くって聞いたんだ。ちょっと演奏してもらおうや」

どうやらデイビッドがサムエルに、僕らがそれぞれ歌を披露するつもりだと伝えていたみたいだ。まだ本名の「シンジ」ではなく「シニジ」とサムエルに呼ばれている僕は、コード進行つき自作弾き語り用歌詞カードを二枚だけ持ってきていた。ギターはデイビッドがちゃんと持ってきている。夕方に共有キッチンを急づくりのスタジオにして、二人で打ち合わせは済ませている。コードをいくつか鳴らしてみたが、ギターのチューニングはばっちり合っている。

みんなが注目して静まりかえる中、僕は坂本九の「見上げてごらん夜の星を」を一曲目に歌うことにした。オリジナルバージョンはほとんど聞いたことがないのだけれど、平井堅がカバーしているのを聞いて、自分でも歌うようになった曲だ。

「この曲は、日本で一九六〇年代にヒットした曲で、夜空の星が僕らの小さな幸せを照らすということがテーマになっている。ここの夜空の星が曲のイメージにぴったりだから」

その場で日本語が分かるのは僕だけだから、そんな風に英語で少し解説してからギターを弾き始めた。

見上げてごらん　夜の星を
小さな星の　小さな光が
ささやかな幸せを　歌ってる
見上げてごらん　夜の星を
僕らのように　名もない星が

別に僕は歌手でもなんでもないけれど、機会があればできるだけ人前でも歌うことにしている。特に多少下手でも盛り上げてくれるのが分かっている場合はなおさらだ。その夜はすでにワインで酔っていたこともあり、ずいぶん気持ちよく、そして間違わずに歌えたのだ。日本語だから誰も一緒には歌わなかったけれど、どうやら僕が弾き語りするとは思っていなかったみたいで、曲が終わると机をたたいて大歓声が巻き起こった。歌っている間、みんな神妙な顔をしているようだったので、喜んでもらえるか心配だったけど、とにかく安心した。

そして二曲目はマルコ・アントニオ・ソリスというメキシコ人歌手の「トゥ・カルセル（君の監獄）」を選んだ。メキシコで大ヒットした曲は、いつまでもラジオで流れ続けるから世代を超えて愛されることが多い。これは二十年以上も前の曲だけど、今もいろいろなところで耳にする。

貧しい主人公を見放して、金持ちに乗り換える元彼女への気持ち（未練と恨み言ですね）を歌った、メキシコの定番ラブソングだ。僕がこの曲を選ぶのは、内容が好きとかそういう純粋な理由ではなく、歌うときに使う声域が狭いから、素人の僕にも歌いやすいという技術的な理由による。それにしても本当にメキシコには「別れる」、「別れない」をテーマにした曲が多い。

僕がこの曲を歌っている間、知っている人は一緒に歌ってくれた。一曲目が日本語だったせいで静かだったから、余計ににぎやかに感じた。なぜかこの曲は絶対知らないはずのアメリカ人のデイビッドさえも、隣から僕の歌詞カードをのぞいて楽しそうに歌っていた。こんなに喜んでくれるなら、もっと曲を仕込んでおけばよかったと、僕は少し後悔した。歌詞が覚えられないという最大の弱点を抱えた僕は、コード進行付きの歌詞カードを見ながらでないと一曲も歌えない。だけど、なんだかもう一曲歌った方が盛り上がりそうだったので、勢いに任せて「ユアー・マイ・サンシャイン」を適当に伴奏しながら歌い始めた。ずいぶん短い歌詞なのに、やっぱり二番に入ると歌詞が出てこなかったので、ハミングでやり過ごしていると、代わりにみんなが大声で歌ってくれた。

その夜、母屋のテーブルは満席だった。

僕が歌い終わって、すぐにデイビッドが続くだろうと思ってギターをバトンタッチしたが、彼はそのままギターを壁に立てかけた。「もうちょっとしてからね」とそっと僕に告げ、ワインを何度か口にした。彼は彼なりに心の準備をする時間が必要だったのかもしれない。しばらくがやがやとおしゃべりしながらおかずをつまんでいると、デイビッドが彼の持ち歌「ハレルヤ」をギターで爪弾き始めた。その場がすっと静かになった。乾いた空気にゆっくりと、そして確かな和音が広がり、その夜が聖なる夜だったことを、一瞬にして思い出した。僕とデイビッドは、昼間にお互いどんな曲を弾くのかを見せ合っていた。そのときに一番だけ聞かせてもらっていたが、フルコーラスを聞くのはそれが初めてだった。

I've heard there was a secret chord
That David played and it pleased the Lord
But you don't really care for music, do you?
Well it goes like this:
The fourth, the fifth, the minor fall and the major lift

The baffled king composing Hallelujah
Hallelujah. Hallelujah, Hallelujah. Hallelujah

「ダビデが秘密のコードを奏でて神を喜ばせた」というくだりで始まる、何やら意味深そうな歌詞に静かにしみるアルペジオの響きが、妙にしっくりくる。

後から知ったが、「ハレルヤ」はレナード・コーエン作曲で、八十年代に歌われた曲だ。でもその後たくさんの人がカバーして、そのたびにヒットするのでいろんな世代に愛されている。最後に四回「ハレルヤ」というキャッチーなフレーズが繰り返されるから、そこは必ず大合唱になる。英語を話さないクリスティーナおばさんも、そもそも歌自体を知らない僕も、このサビのパートだけは一緒に歌うことができる。四番まで続くが二番、三番は長女のゾエがソロで、僕が渡したスプーンをマイク代わりに歌った。堂々として、美しい歌いっぷりだった。そして最後の四番は、真打ちデイビッドが弾き語った。最後のコードをデイビッドが弾き終わり、しばらくの静寂がまさしく場を支配した。そして大歓声が起こり、やがてざわざわとにぎやかな会話が再開し、ショーの後の余韻をみなが楽しんでいた。

そのあとは僕もデイビッドもそれぞれの「芸」が終わり、肩の荷が下りたせいで、ぐいぐいワインをあおった。いつの間にかラテンのダンスミュージックがかかり、踊りが始まった。娘二人、ゾエもシャヤンもアメリカ人とフランス人のハーフだけど、育ちはメキシコだから、結構しなやかかつリズミカルにステップを踏めるのだ。僕は隣に座っていたサムエルを、食卓の横にできた小さなダンスホールに連れ出し、彼は長女のゾエと、僕は次女のシャヤンとペアになって踊った。

初めてエバーグリーン牧場を訪れたのに、こんなふうにみんなと打ち解けられてよほどうれしかったのか、僕はサムエルやラバーニャと一緒に机をたたきながらリズムをとり、肩を組んだりしながら踊っていたみたいだ。覚えていないのだけれど、その様子は僕のカメラに録画されていたので後から知った。こんな風にして僕のエバーグリーン牧場でのクリスマスイブは、不思議な人のめぐり合わせと、多国籍な料理や音楽に包まれながら、にぎやかに過ぎていった。

一人二人とその場を去っていき、僕も小屋に戻るために席を立ち母屋を出た。芝生の広い草原を横切ろうとすると、サムエルとデイビッドが焚火を前に静かに語らっていた。母屋から黄色くやわらかい明りが漏れる以外は、街灯も何もない。星と月の光のせいで暗いという感覚は全くない。静けさの中、炎がぱちぱちと音を立てて燃えあがり、二人のほりの深い横顔にくっきりと黒い陰ができている。「おやすみ」とあいさつを交わし、草の上を僕は再び歩き出した。そして芝生を踏む自分の足音以外は何も聞こえなくなった。

ハレルヤを歌うゾエ。

23　旅が終わる朝

夜が明けたクリスマス当日の朝八時過ぎ、身支度をすっかり済ませた僕は、とうとうメキシコシティに戻らなくてはならない。母屋の前ではいつも通り、中に入ろうと控えている猫たちが待っている。何とか足で彼らをブロックしながら、扉をすり抜けて僕だけ中に入ることに成功した。そして三日間お世話になったステファニーに最後の朝ご飯を作ってもらった。そして起きたばかりでいつも以上にもしゃもしゃ頭のサムエルにも「グッドモーニング」と挨拶をした。

その日の朝食もやっぱりフルーツ、ヨーグルト、クレープとコーヒーをお願いした。肌寒い高原の朝の空気の中で、チアパス産のコーヒーから立つ湯気が鼻先をかすめる。

最後に滞在中追加で頼んだワインや、山への乗馬ツアーの精算を済ませた。事前にカードで支払いができないことを聞いていたので、僕は多めに現金を持ってきていた。ステファニーはサムエルに馬術セッションの代金を確認して、もう支払いそびれているお金はないことがわかった。僕はどの旅先でも念のため領収書をもらう癖がついている。でもエバーグリーン牧場には、経理システムから発行されるような統一書式の領収書なんてない。だから、ステファニーが白いコピー用紙に直筆で滞在費用を書きとめて、一番下にサインをしてくれた。

サン・クリストバル・デ・ラス・カサス
エバーグリーン牧場
2018年12月25日
宿泊、食事、馬術アクティビティ代金　3780ペソ
マネージャー　ステファニー・ドアレゴン

「これでいいかしら。『マネージャー』のステファニーって書いておいたからね」
別に役職も何もないんだけれど、と照れくさそうに笑った。おかしくて僕も大笑いした。

「ただマネージャーという言葉が好きで、書いてみたいだけなのよ」

僕のように領収書をくれなんていう旅行者は、エバーグリーン牧場には来ないようだ。そしてこの三泊四日の滞在費合計金額は日本円でだいたい二万二千円だった。これが安いか高いかは、初体験だらけだった僕には、もはやどうでもよかった。

朝食を済ませ、ステファニーにタクシーを呼んでもらうようお願いした。だけど、この宿がいつも声をかける隣村の運転手は、ボイスメッセージを送ってもいっこうに返事をしてこない。結構真面目なおじさんだと聞いていたが、前夜のクリスマスイブでどの家もパーティをしていたはずだ。ステファニーの見立てどおり、ほとんどの村人はまだ起きていないのだろう。仕方ないので前日クリスマスディナーに来ていたドイツ人のセバスチアンに声をかけてくれた。その日彼が用事でサン・クリストバルまで行くので、そこに便乗してはどうかというのだ。セバスチアンはその朝ドイツ人宿泊客三人をサン・クリストバルまで連れて行くという。

ステファニーが携帯電話からボイスメッセージを送信し、返事を待つと、間もなくセバスチアンから返答があった。

「十時半でよければ、喜んで乗せていくよ」

だけど僕はいつでも出られるように、もう身支度を済ませていたので、これから一時間も待つのは避けたかった。その上、きっと混雑する空港にぎりぎりに着くのも、四連休の最終日だからリスクが高い。ああだこうだと二人で考えていたら、思い立ったようにステファニーが外に出て行き、間もなく母屋の裏でタクシーを捕まえて戻ってきた。牧場の脇の道でタクシーを止めることにまんまと成功したようだ。たまたまその運転手はサン・イシドロ・チチウィスタンの先にある村まで乗客を乗せてサン・クリストバルから来たところで、誰も乗せずに回送するところだった。だから、料金だって二百ペソ（千二百円）で、サン・クリストバルまでダイレクトに向かってくれる。乗り合いタクシーを乗り継いだ往きより当然少し高い。だけど一番近いベタニア村まで一人でタクシーに乗ると百五十ペソかかるのだから、相場よりはだいぶ安い。僕はそのタクシーに乗ってサン・クリストバルを目指すことを即決した。これを逃すと今度いつどこで車を捕まえられるか分からない。何しろ今日はクリスマスなのだ。

娘たちシャヤンやゾエ、それにクリスティーナおばさんはまだ寝ているみたいだし、三日間一緒に乗馬を練習したラバーニャやデイビッド、特別ゲストのイギリス人マットとも挨拶はできなかった。だけどまあ、いつかどこかで会える日がきっと来るに違いない。

三日間寝泊まりした小屋の裏まで、車を移動してもらっている間に、母屋からサムエルとステファニーと並んで歩いた。サムエルが最後に緑のトラクターに乗れと僕に言った。そして僕のカメラを手に取った。

「トラクターと牧場の記念撮影だ」

シャッターを何度も押し、僕にどうだと撮った写真を見せた。トラクターの上の僕は満足そうというよりは、恥ずかしくて居心地の悪そうな表情をしている。そして僕らはお別れのハグをした。

「昨日の歌、素晴らしかったよ。今度はいいギターを俺が用意するから、他の歌も練習して聞かせてくれ」

お世辞でもうれしい言葉に、僕は「了解、そうする」とだけ答えた。道路に面した牧場の柵の近くで、タクシーの運転手と話していたステファニーは、僕がサムエルと別れの挨拶を済ませたのを見て、僕のほうに笑顔を向けた。何となく照れくさそうな笑顔で、

「私たちテストに受かったかしら。今度は家族連れてきてくれるよね」

と笑いながら言った。

「もちろんだよ。今度家族と来るその時まで」

そう言い合って、僕はタクシーに乗り込んだ。車に乗るのがずいぶん久しぶりに感じた。

エバーグリーン牧場を後にしてサン・クリストバルに向かうタクシーで、未舗装の道をゆっくりと走ると、往きと同じ「制限速度、時速二十キロ。スピードオーバーは罰金千ペソ（六千円）」と書かれた木の看板を、急カーブや断崖と接する道で何度も見かけた。タクシーは砂利道の小石たちを、往きと同じようにぺちぺちこんこんと跳ね飛ばしながら本当にゆっくりと進んだ。珍しくその日後部座席に座った僕は、この土地で人と知り合い、愛着ができた村の風景を黙って眺めていた。

サン・イシドロ・チチウィスタン村の集落もそろそろ出口に差し掛かり、家屋がまばらになってきたところで、なかなかに薄汚れた服を着た、初老の男性が道に倒れているのを四人の男が囲んでいた。

「何かあったの？」

僕は運転手に聞いた。

「ああ、酔っ払いだよ。昨日はクリスマスイブだったしね」

二つ隣の村に住むタクシー運転手の青年は、なぜそんなことに興味があるのかと不思議そうにしていた。

「そういえば昨日、この村の男が一人刑務所に入れられたらしいよ。女の子に乱暴しようとして取り押さえられたらしい」

僕はその時エバーグリーン牧場に到着した夜に聞いた、教会から響く大音量の説教を思い出した。

「酒を飲みすぎちゃあいかん。結婚したら他の女に手を出しちゃあいかん」

牧師のだみ声が、遮るものが何もない空に、号砲のように響いていた。この小さな村でも男が酒におぼれ、酔った勢いで女性にちょっかいを出して捕まるのであれば、牧師の説教も時には必要なのかもしれない。

これがサン・イシドロ・チチウィスタンという村の、とある牧場で過ごした三泊四日の一部始終だ。チアパス州奥地の森の中に、どうしていろんな国から人がやってくるのか、最初は不思議に思ったが、今ではその理由がよく分かる。

「イタリアからメールが来てね、新年をここで過ごしたいって」

ステファニーは僕がメキシコシティに帰る最終日の朝も、この牧場のリピーターからの宿泊依頼に、あわただしく返答していた。一度この場所を訪れた人にとってこの牧場は、まるで離れて住む家族の家みたいに、いつでも戻れる場所の一つになるのかもしれない。このイタリアの夫婦がたぶんそうだったように、やっぱり僕も「今度はいつ戻ってこられるのかな」、とかなり具体的なプランを思い浮かべながら帰路についていた。

タクシーでサン・クリストバルに到着した僕は、そこから空港のあるトゥクストラ・グティエレス行きの大型長距離バスに乗り込んだ。往きより少し余分にお金は使ったけれど、何とか当初の誓い通り、安い交通手段を乗り継いだ僕は、旅行前に届いた牧場からの「挑戦状」に、勝手に勝利宣言をした。そして年末間近のメキシコシティの自宅に戻ってからも、エバーグリーン牧場で過ごした時間を、「ハレルヤ」のメロディを口ずさみながら思い出していた。

あとがき

これまでいろいろな場所に旅行や仕事で訪れて、多くの場所で不思議な食べ物、陽気な人や陰気な人、なんでこうなったんだろうと考えてこんでしまうような奇妙な風景や、けたたましくも心揺さぶられる音楽に出会いました。僕がこれまで何らかの形で足を踏み入れた国の数は十七か国に上ります。でも個人的な思い出のレベルを超えて、他の人にも知ってほしい、伝えたいと思えるほどの旅はなかなかできるものではありません。

本作『山と電波とラブレター』は、二〇一八年のクリスマス休暇を利用した、チアパス州のサン・イシドロ・チチウィスタンという小さな村に泊まりに行ったときの、旅の一部始終を書いたものです。もともと本にしようと書き始めたのではありません。ただ他の旅とあまりに違った体験だったので、忘れる前に書きとめておこうと始めたら、まったく筆が止まらなくなり、とうとう今回本として出版されることになりました。

ところで、文中に登場するイギリス人木彫りアーティストのマットとは、この旅をきっかけに今でも連絡を取り合っています。一度、彼とどうしてエバーグリーン牧場には、世界中から人が集まるのかという話題でひとしきり盛り上がりました。マットいわく、「Quiet（静か）」で、「Wild（ワイルド）」で、「Off the beaten track（なかなか行けない辺鄙な場所）」で「Semi adventurous（ちょっとした冒険ができる）」。そして「Wholesome Family（素敵な家族）」がいて、とにかく「Fun（楽しい）」。みんなこのどれかを求めて、わざわざやって来るんじゃないかなということでした。彼はボキャブラリーが多彩で、短い言葉で分かりやすく要点を言い当てています。僕はこんなふうに要約することができないので、こんなに長い旅行記になってしまいました。

僕が知っている旅行記というとほとんどの場合、一人旅の若者が主人公だったり、作家や著名人が書いているものだったりします。僕のような勤め人が体験できる旅は、時間の制約が多くて決して気ままなものではありません。でもやっぱり旅は楽しい。行った先々では必ず地元の人が食べている裏メニュー的な郷土料理や、隠れたお店や絶景スポットを聞き出すようにしています。そうしてあきらめずに、いろいろなところに顔を突っ込んでいると、たまに今回のような物語に出会えることがあります。ちなみに、「エバーグリーン牧場」を舞台にした話が書籍化されるのは、世界で初めてとのことです。行き先としてはかなりコアですが、いずれにしても世界初というのはうれしい響きです。

最後に、お世話になった牧場の家族、ステファニー、サムエル、ゾエ、シャヤン&クリスティーナおばさん。馬や羊、犬や猫にニワトリと泣きそうな顔の七面鳥たち。それから一緒に宿泊客としてほとんどの時間を一緒に過ごしたラバーニャとデイビッド、イブの夜を一緒に過ごしたみんなや、地元の少年たちのおかげで、ずいぶんとユニークな旅になりました。この場を借りてお礼を言いたいと思います。

吉川真司（よしかわ・しんじ）

吉川真司

1971年大阪府生まれ。筑波大学在学中にメキシコのオアハカ州に留学。帰国までの2年間で人格の「強制ラテン化」を経験。大学卒業後は宝石のバイヤーとして、インドや香港をはじめとする世界各国でダイヤモンドや真珠、オパールなどの買い付けに奔走。その後拠点を日本に移し、雑誌広告の飛び込み営業やWEBマーケティング新規事業起ち上げに従事。現在はメキシコの日系食品企業で勤め人としてPRおよび広告を担当。また夫かつ娘二人の父として、週末は食事の準備と後片付けを担う。得意料理は「豚バラとトマトのオーブン焼き」。

山と電波とラブレター

2021年11月10日　第1刷発行

著　者　吉川真司（よしかわしんじ）

発行者　太田宏司郎

発行所　株式会社パレード
　大阪本社　〒530-0043　大阪府大阪市北区天満2-7-12
　　　　　　TEL 06-6351-0740　FAX 06-6356-8129
　東京支社　〒151-0051　東京都渋谷区千駄ヶ谷2-10-7
　　　　　　TEL 03-5413-3285　FAX 03-5413-3286
　https://books.parade.co.jp

発売元　株式会社星雲社（共同出版社・流通責任出版社）
　　　　　　〒112-0005　東京都文京区水道1-3-30
　　　　　　TEL 03-3868-3275　FAX 03-3868-6588

装　幀　藤山めぐみ（PARADE Inc.）

印刷所　創栄図書印刷株式会社

ISBN 978-4-434-29066-4　C0095